핵심복음제자훈련 4
통째로 예수님 읽기
복음의 핵심

김완섭 목사

기독교신앙회복연구소

김완섭 목사
주님의새소망교회 담임목사
기독교신앙회복연구소 대표
국토순례전도단 단장
한국오카리나박물관 관장
백석대학교 신학대학원
저서 :
그리스도인의 개혁 : 출발점 · 워크북
그리스도인의 회복 : 정체성 · 워크북
그리스도인의 성화 : 두번째만남 · 워크북
복음소책자 1-6권
예수님동행훈련 1-3권
나만의성경책 1-2권 외 다수

핵심복음 제자훈련 **4**
복음의 핵심

초판 1쇄 인쇄 : 2020. 9. 20.
초판 1쇄 발행 : 2020. 9. 25.
펴 낸 곳 : 기독교신앙회복연구소
지 은 이 : 김완섭
펴 낸 이 : 오복희
본문디자인 : 구본일
표지디자인 : 이순옥
등록번호 : 제2018-000044호
등록일자 : 2018년 4월 12일
서울특별시 송파구 마천로 100 C동 402호(오금동)
편 집 부 : 010-6214-1361
관 리 부 : 010-8339-1192
팩   스 : 02-3402-1112
이메일 : whdkfk9312@naver.com
총   판 : 소망사(031-977-4232)

ISBN 979-11-89787-18-9 04230
ISBN 979-11-89787-14-1 (세트)

한 권 값 **6,000**원

무단전제와 복제를 금합니다.

머리말

　　복음이란 예수님 자신입니다. 예수님의 행적과 말씀과 십자가와 부활사건이 바로 예수님입니다. 복음을 받아들인다는 말은 예수님을 믿는다는 말입니다. 그래서 기독교 신앙인들은 예수님에 관해서 잘 알고 있는 사람들이어야 하는 것입니다. 하지만 예수님에 대해서 전체를 일괄적으로 소유하고 있는 성도들은 그리 많지 않습니다. 설교나 단편적인 성경공부 등을 통해 마치 퍼즐을 맞추는 것처럼 부분부분 알고 있는 경우가 많기 때문입니다. 또는 자신에게 필요한 부분에 대해서만 잘 알고 있는 경우도 많습니다. 그래서 복음서를 통하여 예수님 전체를 통째로 살펴보는 시간이 필요해지는 것입니다. 그렇게 함으로써 예수님의 뜻이나 예수님의 마음 전체를 알고 신앙생활을 할 수 있게 되는 것입니다.

　　본서는 예수님을 전체적으로 살펴보는 기회를 제공하기 위해 제작되었습니다. 예수님의 말씀을 통하여 예수님의 마음을 생각해봅니다. 예수님의 기도를 통하여 기도의 방식을 점검해봅니다. 예수님의 전도의 삶을 통하여 전도의 의미와 개념을 다시 정리할 수 있습니다. 예수님의 가르침을 살펴보면서 그 핵심과 본질을 깨우쳐봅니다. 그리고 예수님과 사람들의 관계에 대해서 보다 객관적으로 살펴봄으로써 복음적 삶의 모습들을 깨우칠 수 있습니다. 예수님과 제자들, 예수님과 바리새인들, 권력자들, 약자들, 병든 자들, 예수님을 사랑한 사람들, 믿은 사람들, 따르는 무리들, 그리고 마지막으로 예수님을 십자가에 못 박은 사람들을 살펴보면서, 끝에는 내가 예수님을 십자가에 못 박았다는 사실을 깨달아가게 됩니다.

　모든 내용은 오직 복음서에서의 예수님의 모든 행적을 따라 짚어보았습니다. 이 책은 변증적이라기보다는 서술적으로 제작되었습니다. 토론보다는 성경의 내용을 되짚어보는 방식으로 편집되었습니다. 가르침이나 설명이나 논리적인 토론이 아니라 성경말씀을 바탕으로 묵상하고 각각에게 주시는 은혜를 받을 수 있도록 만들어졌습니다. 되도록 성경이 말씀하는 은혜를 따라가기를 원했습니다. 그래서 시작장애인들이 코끼리를 만지는 식이 아니라 눈을 뜨고 코끼리 전체의 모습을 제대로 알도록 기획했습니다. 한 걸음 더 나아가 그냥 서 있는 코끼리가 아니라 실제로 살아 움직이는 코끼리를 생생하게 경험할 수 있기를 위해 기도했습니다.

　본 제자훈련 제4권『복음의 핵심』은 '복음소책자' 4권『통째로 예수님 읽기』를 중심으로 구성했습니다. 먼저 복음소책자의 해당부분을 파악하고 그것을 자료로 하여 본 제자훈련의 질문에 대한 답을 만들고, 함께 모여 지도자의 인도를 따라 말씀을 나누는 시간이 필요합니다. 그렇게 함으로써 복음의 구체적인 내용이 성도들의 것으로 확실하게 만들어질 수 있는 것입니다. 예수님의 전체적인 모습은 성령님께서 직접 임하셔서 은혜를 주실 것입니다. 그것이 효과적인 훈련이 될 것입니다.

　이 제자훈련 교재를 통하여 생각이 변화되고 신앙의식의 수준이 높아져서 주님께서 필요로 하시는 성도의 상을 만들어갈 수 있기를 소망합니다. 그 과정에서 성령님의 강력한 도우심으로 말미암아 바람직한 신앙을 세워나갈 수 있을 것입니다. 한국교회에 반드시 필요한 헌신이 될 줄 믿습니다.

차 례

머리말 _ 3

제1과
예수님의 마음 _ 7

제2과
예수님의 가르침 _ 17

제3과
예수님의 기도 _ 27

제4과
예수님의 전도 _ 37

제5과
예수님과 제자들 _ 41

제6과
예수님과 바리새인들 _ 49

제7과

예수님과 권력자들 _ 57

제8과

예수님과 약자들 _ 65

제9과

예수님을 사랑한 사람들 _ 73

제10과

예수님을 믿은 사람들 _ 81

제11과

예수님을 따르는 무리들 _ 89

제12과

예수님을 못 박은 사람들 _ 97

제 1 과
예수님의 마음

우리가 예배를 드리고 성경을 읽는 여러 가지 목적 중의 중요한 한 가지는 예수님의 마음을 아는 것입니다. 물론 하나님의 마음, 예수님의 마음을 어떻게 온전하게 알 수 있겠습니까만, 그럼에도 불구하고 예수님께서 어떨 때 슬퍼하시고 어떨 때 분노하시고 어떨 때 기뻐하시는가 등은 성경의 기록을 통하여 어렴풋이나마 예수님의 마음을 살펴볼 수 있을 것입니다. 바리새인들은 무조건 율법을 정해진 대로 지키기만 하면 하나님께서 기뻐하실 줄 알고 있었지만, 그들은 하나님의 마음 자체에 대해서 관심조차도 없었습니다. 그들에게는 율법 조문 자체가 하나님이었습니다. 결국 그들은 그리스도이신 하나님의 독생자 예수님을 십자가에 못 박고 말았습니다.

지금 우리는 예수님의 마음을 살펴보아야 합니다. 하나님께서 칭찬하실 줄 알고 죽기까지 충성했는데 결국 거기에 예수님의 마음이 쏙 빠져있다면 얼마나 허망하겠습니까? 예수님에 대해서 전체적으로 살펴보면서 가장 먼저 생각해야 할 것이 바로 예수님의 마음이라는 것을 알아야 합니다. 여러 가지 상황들에 대한 예수님의 반응을 보면 우리는 예수님의 마음을 조금이나마 배울 수 있을 것입니다. 우리는 예수님의 마음을 가져야 합니다.

1. 예수님은 언제 슬퍼하셨을까요?

복음서에는 예수님께서 슬퍼하시거나 애통해하신 경우가 몇 번 나옵니다. 사람들의 슬픔을 함께 하신 경우도 있고 영적 방황이나 예루살렘의 멸망을 생각하시면서 슬퍼하기도 하셨습니다.

1 사복음서에서 유일하게 예수님의 눈물을 기록한 장면은 어떤 상황에서였습니까? (요 11:32-35)

2 예수님이 사람들을 보시고 불쌍히 여기신 경우는 어떨 때였습니까? (마 9:36, 20:34, 눅 7:12-13 등)

3 예수님은 예루살렘에 입성하시면서 또 우셨습니다. 무엇 때문에 우셨습니까? (눅 19:41-44)

4 하지만 예수님은 스스로를 위해서도 슬퍼하셨습니다. 언제였습니까? (마 26:37-38)

2. 예수님은 언제 분노하셨습니까?

예수님은 율법에 얽매여 하나님의 뜻을 거부하거나 사랑을 받아야 할 사람들을 금지할 때나 신앙의 본질을 흐릴 때나 자기 목적을 위해 교회를 이용하는 사람들에 대해서는 분노하셨습니다.

1. 예수님께서 바리새인들과 가장 자주 부딪친 것은 안식일 문제였습니다. 왜 노하셨습니까? (막 3:1-6)

2. 예수님은 사람의 심령을 중요하게 생각하십니다. 이와 관련하여 예수님은 왜 노하셨습니까? (막 10:13-16)

3. 예수님께서 비유로 드신 이야기이지만, 용서와 관련하여 예수님을 노하게 만드는 일은 어떤 일이었습니까? (마 18:32-35)

4. 교회에서 일어나는 여러 가지 일들 중에서 예수님은 어떨 때 노하십니까? (막 11:15-17)

3. 위선자들에게는 냉정하셨습니다.

예수님은 죽으실 때까지 참고 또 참으셨을 것 같지만, 보통 사람들과 마찬가지로 슬퍼해야 할 때 슬퍼하셨고 냉정해야 할 때는 냉정하셨습니다. 다만 그 기준이 우리와 달랐을 뿐입니다.

1 예수님은 특히 서기관들과 바리새인들에 대해서 유독 냉정하셨습니다. 그 이유는 무엇이겠습니까? (마 23:13-15)

2 바리새인들에 대해 냉정하셨던 또 다른 이유는 무엇이겠습니까? (마 23:23)

3 예수님은 심지어 서기관들과 바리새인들을 향하여 아주 냉정하게 어떤 비유를 쏟으셨습니까? (마 23:33-34)

4 놀랍게도 예수님께서 아주 냉정해지실 대상들에는 어떤 사람들이 포함되어 있습니까? (마 25:44-46)

4. 율법의 오해에는 안타까워하셨습니다.

본질에 대한 오해가 신앙인 자신을 망칠 수 있습니다. 종교형식에 얽매이다 보면 하나님의 마음과 뜻을 무시하게 될 수 있는 것입니다. 예수님의 가르침은 이것을 고쳐주시는 것입니다.

1 이혼에 대한 오해가 있습니다. 율법에는 어떻게 되어 있고 예수님은 무엇이라고 고쳐주셨습니까? (마 19:7-9)

2 사두개인들이 부활시에 이 땅에서의 관계에 대해서 물었을 때 예수님은 무엇이라고 하셨습니까? (마 22:28-32)

3 표적으로 떡을 달라고 하는 사람들이 모세가 준 만나라고 했을 때 예수님은 어떻게 오해를 풀어주셨습니까? (요 6:31-33)

4 가장 큰 오해로, 안식일에는 거의 아무 것도 못하게 되어 있는 것을 예수님은 어떻게 가르치셨습니까? (눅 13:14-15)

제1과. 예수님의 마음

5. 기쁨으로 감당하셨습니다.

예수님의 삶은 육체적으로나 환경적으로나 몹시 고단한 생활이었지만, 하나님의 말씀이 선포되는 것과 하나님의 일이 이루어짐을 통하여 무한한 기쁨을 누리셨습니다.

1 예수님은 하나님의 일을 하면서 어떤 기준으로 감당하셨습니까? (요 8:29)

2 사람들과의 관계에 있어서 예수님은 어떤 모습을 보일 때 가장 크게 기뻐하셨습니까? (눅 10:21)

3 반면에 예수님은 사람들이 아파할지라도 그 과정을 통하여 무엇이 이루어지는 것을 기뻐하셨습니까? (요 11:15)

4 그러므로 예수님은 제자들이 어떤 일을 만날 때에 오히려 기뻐하라고 가르치십니까? (눅 6:22-23)

6. 예수님은 평안하셨습니다.

예수님은 사람들에게 시달리시고 가르치는 일이 힘들고 바리새인들에게 쫓기시고 잠자리가 너무 불편한 와중에서도 늘 평안을 누리셨습니다. 그것은 어떤 환경에서도 누리는 절대 신뢰입니다.

1 예수님은 근심과 두려움에 싸여있는 제자들에게 무엇을 주기를 원하셨습니까? (요 14:27)

2 예수님이 누리고 계신 평안은 어디에서부터 비롯되는 평안입니까? (요 16:32-33)

3 이 평안은 그리스도인들이 누릴 수 있는 복이어야 합니다. 왜 그렇습니까? (막 5:34, 눅 7:50)

4 예수님은 부활하신 후 불안하고 두려워하는 제자들에게 무엇이라고 축복하셨습니까? (마 28:9)

7. 예수님의 마음을 얼마나 느낍니까?

예수님을 믿을 때 자기의 목적을 위한 믿음이 중심이 되면 그것은 종교입니다. 그러나 예수님을 믿을 때 예수님과의 인격적인 교제를 위하여 예수님의 마음과 뜻을 깨달으면서 신앙생활을 한다면 그것은 복음이요 진리입니다. 물론 처음에는 자신의 어려운 문제를 풀기 위하여 예수님께로 나올 때가 많지만, 복음을 깨달으면서 예수님의 마음을 함께 느끼고 예수님의 눈길이 가는 곳에 우리의 눈길이 가고 예수님이 돌보셔야 할 곳에 우리가 가 있도록 도전한다면 그 믿음은 진리인 것입니다. 우리는 자신을 위하여 예수님을 믿는 것이 아니라 예수님의 마음으로 세상을 살기 위해서 신앙생활을 하는 것입니다.

1 당신은 현재 무엇을 위해서 신앙생활을 하고 있습니까? 진솔하게 대답해보십시오.

2 당신이 가장 최근에 느꼈던 예수님의 마음에 대해서 이야기해보십시오.

하나님 아버지, 오늘 정말 중요한 시간이었습니다. 설교나 성경공부 등 여러 가지로 예수님에 대해서 읽고 듣고 생각해오고 있지만 예수님의 인격과 그 마음에 대해서 전체적으로 살펴본 경우는 별로 없었던 것 같습니다. 비록 깊이 있게 다루지는 못했지만 전체적으로 한꺼번에 생각해볼 수 있도록 하시니 참 감사합니다. 사실 예수님의 마음에 대해서는 크게 생각해보지 못했고 또 우리들의 문제를 해결받기만을 바랄 뿐이었지 정작 우리가 믿는 예수님과의 교제에 대해서는 별로 생각하지 못했음을 또한 고백합니다. 그러므로 아버지, 이제는 예수님의 마음을 생각하면서 예수님께서 기뻐하시고 칭찬하실 일을 늘 생각할 수 있도록 도와주옵소서.

아버지, 예수님도 하나님께서 기뻐하실 일을 행하셨고 또 비록 사람들의 마음에 아픔을 줄지라도 하나님께 영광을 돌려드리기 위해 애쓰신 것을 생각해봅니다. 충분히 하나님의 마음을 생각할 수 있는데도 불구하고 아직 신앙이 어리다는 이유로 예수님의 마음을 애써 외면했던 일도 있었습니다. 이제는 무슨 일에든지 예수님의 마음을 생각하면서 살기를 원합니다. 걱정이 되거나 번거롭거나 불편해서 말씀을 피했던 적도 있었습니다. 그리고는 내 문제에만 급급하여 그것이 이루어지기만을 원했었습니다. 기도도 잘 할 줄 모르지만, 기도할 때는 언제든지 저 자신만을 위해서 기도하곤 했었습니다. 하지만 이제부터는 조금이라도 예수님의 마음을 헤아려볼 수 있는 신앙인이 될 수 있도록 도와주옵소서. 우리를 구원해주신 예수 그리스도의 이름으로 기도드립니다. 아멘.

제 2 과
예수님의 가르침

예수님의 사역은 가르침과 선포와 치유라고 합니다. 물론 그런 모든 것들을 십자가의 죽으심과 부활로 완성하셨습니다. 예수님의 가르침은 그런 의미에서 생명을 버리신 가르침이었습니다. 고난을 통하여 스스로의 생명을 살리시기 위한 것이 아니라 사람들의 생명을 살리기 위해서 스스로 죽으신 것입니다. 그러므로 예수님의 가르침을 받아들이는 성도는 어떤 마음으로 받아야 하겠습니까? 당연히 예수님의 모든 가르침은 생명을 걸고 지키고 행해야 하는 말씀들로 받아야 하는 것입니다. 성경 말씀은 그렇게 생명으로 받아들일 때 살아서 움직이게 되어 있는 것입니다.

예수님은 백성들에게 생명을 가르치셨습니다. 그리고 영원하고 유일한 진리를 가르치셨습니다. 예수님은 당연하게도 오직 하나님과 그 하나님의 나라에 대해서 가르치신 것입니다. 뿐만 아니라 예수님은 성도의 삶을 가르치셨습니다. 그것도 아주 구체적이고 실제적으로 명확하게 가르치신 것입니다. 하지만 오늘날 예수님의 가르침의 중요한 핵심은 많이 사라지고 세상살이와 관련된 언저리의 가르침만 왜곡된 채 가르쳐지고 있습니다. 그리스도인은 예수님의 가르침을 통하여 예수님의 마음을 배우고 닮아가야 하는 사람들이라는 사실을 꼭 마음에 소중하게 담아야 하겠습니다.

1. 팔복은 예수님의 가르침의 핵심입니다.

팔복은 성도가 향해야 할 지향점이 아니라 죄 사함으로 거듭난 백성들의 상태를 의미합니다. 거듭날 때 충분히 경험한 심령의 상태입니다. 다만 그 중에서 잃어버린 부분을 회복해야 합니다.

1 하나님과의 관계에서 성도가 소유한 마음은 어떤 것입니까? (마 5:3-6)

2 세상과의 관계에서 성도가 이미 소유하고 취할 수 있는 마음은 어떤 것입니까? (마 5:7-10)

3 여덟 가지 복에 대한 하나님의 응답은 어떤 결과로 나타나게 됩니까? (마 5:3-10)

4 여덟 가지 복을 소유한 상태가 되면 믿음으로 인한 박해를 받을 때 어떤 결과가 나타납니까? (마 5:11-12)

2. 산상수훈은 예수님의 가르침의 집약입니다.

산상수훈을 생각하지 않고 예수님의 가르침을 이야기할 수 없습니다. 예수님의 모든 가르침은 사실상 산상수훈의 해설이라고도 할 수 있을 것입니다. 산상수훈은 생명의 가르침입니다.

1 산상수훈 중에서 세상과의 관계에 대한 가르침은 한 마디로 무엇이라고 할 수 있습니까? (마 5:13-16)

2 산상수훈 중에서 하지 말라고 가르치신 내용들에는 어떤 말씀들이 있습니까? (마 5-7장)

3 산상수훈 중에서 적극적으로 하라고 가르치신 내용들에는 어떤 말씀들이 있습니까? (마 5-7장)

4 이 모든 가르침을 집약하면 성도가 걷는 길은 어떤 길이 되겠습니까? (마 7:13-14)

3. 예수님은 종교적 오해를 풀어주셨습니다.

지금도 마찬가지이지만 율법적으로 신앙생활을 하다가 보면 종교형식이나 전통에 의해 오히려 진리가 훼손되는 경우가 많습니다. 예수님은 전통에 가려진 진리에 대한 오해를 풀어주셨습니다.

1 하나님께서 십계명에 살인하지 말라고 기록하신 것은 원래는 어떤 뜻이었습니까? (마 5:21-22)

2 실제로 간음하지 말라고 하신 그 이면의 중심적인 뜻은 무엇이었습니까? (마 5:27-28)

3 눈에는 눈으로, 이에는 이로 갚으라는 것은 원래는 어떤 뜻이었습니까? (마 5:38-39)

4 이웃을 사랑하고 반대자를 대적하라는 말씀은 원래 어떤 뜻이었습니까? (마 5:43-44)

4. 예수님은 스스로를 선포하셨습니다.

예수님이 누구이신가는 우리 자신에게 굉장히 중요합니다. 그것이 바로 신앙의 핵심입니다. 예수님은 스스로 누구이신가를 선포하심으로 우리가 바로 그 예수님으로 받아들이기를 원하셨습니다.

1 우선 예수님은 하나님의 아들이십니다. 우리가 눈으로 볼 수는 없지만 무엇으로 알 수 있습니까? (요 10:36-38)

2 그러므로 예수님은 스스로를 이 세상에서 누구라고 선포하십니까? (요 14:6)

3 예수님은 스스로를 생명의 떡이라고 말씀하셨습니다. 그것은 무슨 뜻입니까? (요 6:35, 51)

4 예수님은 또한 세상의 빛이라고 하셨습니다. 예수님을 따르면 우리는 무엇이 되겠습니까? (요 8:12, 마 5:14-16)

5. 예수님은 비유로 가르쳐주셨습니다.

많은 경우에 예수님은 진리를 비유로 가르치셨습니다. 그것은 영적인 이치를 잘 깨닫게 하기 위함이기도 하고, 오히려 세상이 진리를 깨닫지 못하게 하기 위함이기도 했습니다.

1 씨 뿌리는 비유는 심령의 종류에 대한 비유입니다. 여기에서 더욱 조심해야 할 것은 무엇이겠습니까? (눅 8:5-8)

2 불의한 재판관의 비유는 소원을 계속 부르짖을 때 결국 들어준다는 비유로, 무엇을 설명하는 것입니까? (눅 18:5-7)

3 유명한 달란트 비유에서 게으른 종은 있는 것까지 빼앗긴다는 이야기입니다. 무엇을 설명하신 것입니까? (마 25:28-30)

4 돌아온 탕자의 비유에서 맏아들과 둘째 아들의 이야기는 무엇을 설명하시는 것입니까? (눅 15:11-32)

6. 천국도 비유로 가르치셨습니다.

천국에 대해서는 직접 경험할 수 없기 때문에 설명만 가지고는 이해할 수 없는 부분이 있습니다. 그래서 예수님은 천국의 실체가 아니라 천국의 원리를 비유로 가르쳐주셨습니다.

1 천국이 아주 작은 겨자씨 한 알과 같다는 말씀은 천국의 어떤 모습을 말씀하신 것입니까? (막 4:30-32)

2 감추어진 보화 비유나 진주장사의 비유는 천국의 어떤 면을 설명하신 것입니까? (마 13:44-46)

3 신랑을 맞이하는 열 처녀의 비유는 무엇을 가르쳐주기 위한 비유입니까? (마 25:11-13)

4 잔치의 비유는 잘난 사람들이 오지 않고 자격이 안 되는 사람들이 오는 비유입니다. 무엇을 말씀하십니까? (눅 14:16-24)

7. 예수님의 가르침에는 목적이 있습니다.

예수님의 가르침과 선포는 교훈이나 사상이나 이념이나 윤리강령으로 주신 것은 결코 아닙니다. 예수님의 가르침은 생명으로 받고 실천할 때 성도들에게 생명으로 변화되는 것입니다.

1 예수님의 가르침의 생명력은 어디에 있겠습니까? 그리고 그 생명력은 어떻게 드러나겠습니까? (마 5:19)

2 예수님의 가르침은 반드시 배워야 합니다. 그러나 더 중요한 것은 어디에 있겠습니까? (마 7:21)

3 예수님의 가르침을 듣고 하나님의 뜻을 깨닫고 행하면 어떤 결과를 얻을 수 있습니까? (마 7:24-25)

4 하나님의 자녀, 예수님의 가족이 되는 것에는 어떤 조건이 전제됩니까? (막 3:35)

8. 가르침을 어떻게 받아야 합니까?

성도의 신앙성숙도는 예수님의 가르침을 어떻게 받아들이느냐에 따라 달라질 것입니다. 예수님의 말씀을 그냥 교훈 정도로 읽는다거나 자신에게 유익이 되는 말씀만을 받아들인다면 그 말씀이 생명력을 나타낼 수가 없습니다. 예수님의 말씀 중에는 사람의 시각으로 볼 때 비현실적인 내용이 많이 포함되어 있기 때문에 가르침을 생명으로 알고 그대로 행하기가 더 어려운 것입니다. 하지만 세상의 이치와 예수님의 말씀이 부딪칠 때에 성도는 무엇을 받아들여야 하겠습니까? 당연히 말씀을 생명으로 삼고 그 말씀대로 행해야 하지 않겠습니까? 예수님의 가르침은 그것을 생명으로 알고 그대로 행하라고 주신 것이지 그냥 도덕으로 삼거나 어려운 부분을 넘어가고 대충 살라고 가르치신 것이 아닙니다.

1 당신은 말씀대로 순종해보았을 때 그 말씀대로 이루어진 경험이 있습니까?

2 당신이 말씀대로 순종하지 못한 부분 중에서 가장 안타까운 경우는 언제였습니까?

마무리 기도

　　하나님 아버지, 참으로 하나님의 은혜가 너무나도 큽니다. 우리들을 사랑하시기 위해 독생자 예수님을 이 땅에 내려 보내시고 우리들에게 생명을 주시기 위하여 십자가로 친히 가르침의 본을 보이심을 깊이 감사드립니다. 예수님의 가르침은 목숨을 버리시면서 주신 생명의 말씀이었습니다. 그러나 우리가 아직 예수님의 말씀을 생명으로 받지 못한 부분이 너무 많아 이 시간에 회개하고자 합니다. 회개하고 예수님의 가르침을 생명으로 알고 끝까지 붙잡을 수 있도록 힘을 더하여 주옵소서. 아직 미숙하여 그 가르침의 의미를 잘 깨닫지 못한 부분들이 많이 있고, 앞으로 배워나가야 할 내용들이 너무나도 많이 있지만 부분 부분 조명하여 주셔서 순종할 수 있게 도와주옵소서.

　　아버지, 무엇보다도 예수님의 말씀을 대할 때 예수님의 마음과 뜻을 더 깊이 알도록 도와주옵소서. 겉으로 드러나는 표면적인 가르침 속에 들어있는 하나님의 마음을 느낄 수 있기를 원합니다. 스스로 부모가 되어봐야 자기 부모의 마음을 느낄 수 있다고 하듯이, 비록 예수님의 가르침의 전부를 느낄 수는 없지만 순종해봄으로써 예수님의 마음을 조금이라도 느껴볼 수 있기를 또한 원합니다. 부분적으로라도 실천해보지 않고 어떻게 그 말씀을 조금이라도 이해할 수 있겠습니까? 그러므로 예수님의 가르침을 받을 때 우리가 할 수 있는 부분을 찾기를 힘쓰고 깨달아 알 수 있도록 해 주시옵소서. 생명의 말씀을 주신 예수 그리스도의 이름으로 간절히 기도드립니다. 아멘.

제 3 과
예수님의 기도

　　예수님은 요한의 세례를 받고 처음으로 기도를 하신 이후로 모든 종류의 사역을 하실 때 하나님 아버지께 기도드리는 일로부터 시작하셨습니다. 예수님은 하나님의 아들로서 하나님과 너무나도 친밀하시지만 육신을 입고 계시기 때문에 날마다 기도하지 않으면 안될 만큼 하나님의 능력이 절대적으로 필요하셨습니다. 그래서 예수님은 틈만 나면 기도하러 산으로 들로 홀로 가셨던 것입니다. 기도가 빠진 예수님은 상상도 할 수 없을 만큼 기도로 점철된 삶이었습니다. 그래서 예수님은 친히 기도를 많이 하시고 기도에 대해 소상하게 가르쳐주셨고 우리 기도의 본으로 삼을 수 있는 주기도문을 가르쳐주셨던 것입니다.

　　우리는 예수님의 기도를 본받아야 합니다. 기도는 기본적으로 하나님과의 교제이기 때문에 하나님께서 기뻐하시는 기도를 찾아서 그대로 기도하려고 해야 합니다. 하나님과의 관계가 올바르다면 기도가 이루어질 때까지 간절하게 부르짖으며 기도해야 합니다. 그러나 말씀 속에 들어있는 예수님의 가르침을 부인한다면 아무리 간절하고 오래 동안 부르짖어도 응답될 수 없습니다. 우리는 예수님의 기도, 기도에 대한 가르침, 주기도문을 잘 알고 올바른 기도를 많이 드려야 할 것입니다.

1. 예수님은 사람들을 위해 기도하셨습니다.

예수님은 열두 제자를 선택하실 때 철야기도를 하셨습니다. 예수님의 기도는 모두 하나님의 은혜를 깨닫게 하기 위한 것이었습니다. 예수님의 사명이 사람을 살리는 것이기 때문입니다.

1 예수님은 베드로가 예수님을 부인할 것을 아시고 베드로를 위하여 이미 어떤 기도를 하셨습니까? (눅 22:31-32)

2 예수님의 기도는 때로 사람들에게 알려지도록 공개적으로 드려졌습니다. 어떤 때였습니까? (요 11:41042)

3 예수님의 기도는 제자들을 위한 기도였지만 거기에 그치는 것은 아니었습니다. 누구를 위한 기도였습니까? (요 17:20)

4 사람들을 위한 예수님의 마지막 기도는 어디에 초점을 둔 기도였습니까? (요 17:21-23)

2. 감사의 기도를 많이 하셨습니다.

예수님의 기도의 밑바탕에는 하나님께 대한 감사가 깔려 있습니다. 응답해주심에 대한 감사와 함께 이루어주실 것을 믿는 감사와 고난 속에서도 하나님의 뜻이 이루어지는 데 대한 감사였습니다.

1 예수님은 십자가에서 육체를 못 박히실 것을 아시면서 어떻게 감사하실 수가 있었습니까? (눅 22:19, 사 53:5)

2 역시 예수님은 포도주를 나누면서 감사기도를 드리셨습니다. 무엇에 대한 감사였습니까? (막 14:23-24)

3 최소한 5,000명이 넘는 사람들에게 떡과 물고기를 나누시기 전에 드린 기도는 무엇에 대한 감사였습니까? (막 6:41)

4 70명의 제자들이 전도여행을 마치고 돌아왔을 때에는 무엇에 대한 감사기도를 드리셨습니까? (눅 10:21-22)

3. 기도 방식의 본을 보이셨습니다.

예수님은 자주 제자들과 따로 떨어져서 홀로 하나님께 기도하시는 일이 많았습니다. 인간구원을 위해 하나님과 교제하는 시간이 절대적으로 필요하셨을 것입니다.

1 예수님의 기도 중 미래를 위한 기도에서 가장 중요한 핵심은 무엇이었습니까? (요 14:16-17)

2 예수님은 스스로를 위한 기도를 거의 하지 않으셨습니다. 체포되실 때 어떤 반응을 보이셨습니까? (마 26:53-54)

3 예수님의 기도 중 또 다른 중요한 특징은 죄 지은 사람들에 대한 기도입니다. 어떻게 기도하셨습니까? (눅 23:34)

4 운명하실 때 예수님의 기도는 우리의 기도가 어때야 할 것인가를 말씀하고 있습니까? (눅 23:46)

4. 하나님을 영화롭게 하는 기도를 하셨습니다.

예수님은 하나님을 영화롭게 높여드리기 위한 기도를 많이 하셨습니다. 그것을 위해서 예수님은 십자가에서 못 박히셨습니다. 그럼으로써 하나님은 예수님을 높이셨습니다.

1 예수님 스스로 영화롭게 되심으로써 하나님을 영화롭게 하고자 하셨습니다. 어떻게 그것이 가능하겠습니까? (요 17:1)

2 예수님은 하나님을 영화롭게 하심으로써 스스로 영화롭게 되기를 기도하셨습니다. 그 영화는 어떤 것입니까? (요 17:5)

3 예수님은 아버지 하나님께 모든 영광을 돌려드림으로써 결과적으로 어떻게 되셨습니까? (빌 2:9-11)

4 예수님께서 하나님을 영화롭게 해드리는 방식은 어떤 것이었습니까? (요 17:4)

5. 예수님이 누구신지를 알고 기도해야 합니다.

베드로는 최초로 '주는 그리스도시요 살아계신 하나님의 아들'이시라 (마 16:16)는 위대한 신앙고백을 드렸습니다. 그러나 예수님에 대해 더욱 구체적으로 알아야 더 깊은 기도를 드릴 수 있습니다.

1 예수님을 그리스도라고 고백한다는 말은 기도할 때 예수님이 어떤 위치에 계심을 뜻합니까? (요 14:13-14)

2 그리스도라는 고백을 넘어 세례 요한은 하나님의 어린양이라고 했습니다. 이것은 성도들에게 무엇을 뜻합니까? (계 14:1)

3 어린양의 이름이란 성도들이 무엇으로 기도해야 함을 의미하는 것입니까? (요 16:23-24)

4 우리의 주 예수님은 그리스도시요 어린양이십니다. 이것을 제대로 아는 것이 왜 중요합니까? (요 4:10)

6. 기도의 전제조건이 있습니다.

보통 무슨 기도든지 끝까지 쉬지 않고 기도드리면 반드시 응답하신다고들 합니다. 하지만 하나님께서 기뻐하실 기도를 드리기 위해서는 기도 전에 행해야 할 조건이 있다는 사실을 알아야 합니다.

1 하나님은 기도할 때에 기도보다 먼저 해결해야 할 것을 말씀하셨습니다. 무엇을 행해야 하겠습니까? (막 11:25)

2 기독교 신앙은 진실이 기본입니다. 기도할 때에도 마찬가지인데 기도하고서도 심판을 받는 경우는 언제입니까? (눅 20:47)

3 기독교의 기도는 살아계신 하나님께 인격적으로 드리는 것입니다. 그렇다면 무엇이 먼저 필요하겠습니까? (막 11:24)

4 또한 기도에서 기본적으로 밑바탕이 되어야 하는 근본적인 출발점이 있습니다. 그것은 무엇입니까? (요 15:7)

7. 이렇게 기도하면 안 됩니다.

우리는 사실상 기도하지 말아야 할 내용과 방식으로 기도할 때가 많이 있습니다. 그러므로 예수님의 말씀의 세세한 부분을 잘 분별해서 기도해야 하나님과의 진정한 교제가 가능해지게 됩니다.

1 예수님은 우리가 늘 하던 기도를 하지 말라고 하셨습니다. 그러면 먼저 무엇을 위해 기도해야 합니까? (마 6:31-33)

2 세상에서 살면서 무의식적으로 자기 자신을 위해 기도하기 쉬운 것은 무엇입니까? (요 5:44)

3 사람들이 구하기는 하지만 정작 실천할 때가 되면 회피해버리기 쉬운 기도는 무엇입니까? (막 8:11-12)

4 사람들을 의식하면서 드리는 기도는 응답받지 못합니다. 어떤 기도가 여기에 해당됩니까? (눅 18:10-11, 마 6:5, 7)

8. 당신은 어떻게 기도합니까?

많은 성도들이 기도에 대해서 오해하고 있습니다. 기도에 우리의 필요를 아뢰는 부분이 분명히 큽니다만, 기도란 본질적으로는 단지 하나님과의 교제입니다. 하나님과의 친밀한 교제를 생각하지 않으면서 무조건 기도만 많이 한다거나 큰 소리로 간구하거나 금식하면서 기도한다면 그 기도는 하나님과 상관없는 자기만족에 불과할 수도 있습니다. 갈급한 심령으로 깊이 기도해야 하는 것은 맞지만 하나님과 인격적인 관계를 누리는 것이 먼저입니다. 그렇게 될 때 아빠 아버지께서 모든 기도소리에 다 응답하신다는 확신을 가지고 친밀한 기도생활을 할 수 있게 되는 것입니다.

1 당신은 주로 어떨 때 기도합니까? 최근에 하나님께 올린 기도제목들에는 어떤 것들이 있습니까?

2 이번 장에서 당신은 기도에 관해 어떤 유익을 얻을 수 있었습니까?

마무리 기도

　　사랑의 하나님 아버지, 지금 바로 아버지께 기도드리고 있지만 정말로 예수님의 기도처럼 바른 기도를 드리고 싶습니다. 다급하거나 많이 모자라거나 연약할 때 부르짖어 기도드리지만 기도에 대한 하나님의 뜻이나 마음을 잘 모르고 무작정 기도할 때가 참 많습니다. 무조건 기도를 많이 하고 부르짖기만 하면 좋은 줄 알고 그렇게 기도하려고 했지만, 하나님과의 관계를 무시한다면 세상 사람들이 그저 하늘을 향해 기도하는 것과 다를 것이 없다는 것을 배웠습니다. 예수님은 하나님의 아들로서 가장 바른 기도의 본을 보여주셨기에 우리도 예수님의 기도를 그대로 따라하고 배우고 싶습니다.

　아버지, 그런데 기도를 잘 하기는커녕 무작정 드리는 기도조차도 아직 잘 안 됩니다. 하나님, 우선 기도생활을 잘 할 수 있도록 도와주옵소서. 그리고 어떻든 기도를 정기적으로 꾸준히 할 수 있도록 또한 도와주시옵소서. 제가 드리는 기도에 대한 하나님의 응답을 경험할 수 있도록 해 주시옵소서. 그러면 우리의 기도가 더 활발해질 수 있을 것 같습니다. 그래서 기도의 맛을 보고 기도의 묘미를 느낄 수 있도록 해 주시옵소서. 그리고 기도응답을 받기까지 기다리면서 끝까지 지속적으로 기도할 수 있도록 해주옵소서. 또한 예수님께서 가르쳐주신 여러 가지 기도에 대한 가르침들을 잘 분별하여 바르게 기도할 수 있도록 하나님께서 함께 해 주시옵소서. 우리에게 기도의 길을 열어주시고 본을 보여주신 예수 그리스도의 이름으로 간절히 기도드립니다. 아멘.

제 4 과
예수님의 전도

예수님의 공생애는 전도하는 삶이었습니다. 선포하고 가르치시는 일 자체가 전도이며, 복음을 삶으로 보여주심으로써 또한 살아있는 전도를 하셨습니다. 그리고 십자가에 죽으시고 부활하심으로써 복음을 친히 증명하셨습니다. 우리 모든 그리스도인들도 예수님의 전도의 모습을 닮아가야 합니다. 예수님은 주로 천국복음을 전파하셨습니다. 이 땅이 최종 목적지가 아니라 저 하늘이 영원한 마지막 목적지가 되어야 하기 때문입니다. 그리고 지옥에 대해서 자주 경고하셨습니다. 예수님은 재림과 종말에 대해서도 선포하셨습니다. 이런 모든 것들은 예수님의 전도가 삶 속에서 전방위적으로 이루어졌음을 말하는 것입니다.

오늘날 우리의 전도는 대부분 교회로 초청하는 전도에 머물러 있습니다. 물론 당연히 교회에 이웃 사람들을 초청해야 하지만 우리들의 말과 삶 자체가 전도여야 함을 가르치고 배우고 인식하고 있어야 합니다. 교회초청 자체가 목적이 아니기 때문에 오히려 생활 속에서 전도하여 믿음을 수용하게 한 후에 교회예배에 나오게 하는 것이 바른 전도일 것입니다. 성도들과 지도자들이 예수님께서 행하셨던 삶의 전도를 가르치고 배워서 세상의 빛과 소금의 기능을 잘 담당할 수 있도록 해야 하겠습니다.

1. 천국복음을 전파하셨습니다.

천국복음은 천국에 대해서만 가르치신 것은 아닙니다. 왜냐하면 천국이란 하나님의 다스리심을 받고 있을 때 우리의 삶 속에서도 이루어지는 것이기 때문입니다. 그것은 하나님의 통치입니다.

1 예수님께서 선포하신 천국복음의 시작은 무엇으로부터 비롯되는 것이었습니까? (눅 16:16)

2 예수님께서 제자들을 파송하시면서 무엇을 전파하라고 가르치셨습니까? (마 10:7-8)

3 예수님과 제자들이 환자를 고치고 귀신을 쫓아내는 일을 하는 까닭은 무엇입니까? (눅 9:11)

4 예수님께서 십자가에서 죽으셨다가 부활하신 후에 주로 하신 일은 무엇이었습니까? (행 1:3)

2. 회개하라고 외치셨습니다.

이스라엘은 하나님의 나라이기 때문에 예수님께서 회개하라고 외치신 것과 우리나라에서 회개하라고 외치는 것에는 차이가 있습니다만, 천국백성을 만드는 회개의 원리는 동일합니다.

1 회개가 없으면 천국복음을 믿을 수도 없고 거듭날 수도 없습니다. 예수님의 전도의 핵심은 무엇입니까? (막 1:14-15)

2 교회에 출석해도 회개가 없으면 구원받을 수 없습니다. 회개하려면 먼저 어떤 사실을 알아야 하겠습니까? (눅 5:31-32)

3 가진 것이 많고 자랑할 것이 많아도 회개가 없다면 어떻게 된다고 하셨습니까? (마 11:20-21)

4 회개를 강조하지 않음으로써 복음이 약화된 것에 대해 예수님은 어떻게 책망하셨습니까? (마 12:41)

3. 지옥에 대해 경고하셨습니다.

성경에는 지옥에 관해 자세하게 나와 있지는 않습니다. 그러나 예수님은 지옥에는 절대로 가서는 안 된다고 하셨습니다. 오죽하면 손발이나 눈을 빼버리더라도 지옥에는 가지 말라고 하셨겠습니까?

1 지옥의 가장 큰 특징을 예수님은 무엇이라고 말씀하셨습니까? (막 9:48-49)

2 지옥을 생각할 때 세상권세를 가진 자와 지옥에 넣을 권세를 가지신 분 중 누구를 두려워해야 합니까? (눅 12:5)

3 예수님께서 가장 크게 책망하신 사람들은 종교지도자들인 바리새인들입니다. 왜 그렇게 책망하셨습니까? (마 23:15)

4 성도가 지상에서의 삶에서 얼마나 조심해야 할 것인가에 대해서 예수님은 무엇이라고 가르치셨습니까? (마 5:22)

4. 예수님의 부활과 재림을 전해야 합니다.

예수님께서 직접 부활을 전파하신 것은 아니지만, 제자들에게 부활과 재림과 종말에 대해서 가르쳐주심으로써 제자들은 후에 부활과 재림을 중점적으로 전할 수 있었습니다.

1 제자들이 가룟 유다의 자리에 새로운 제자를 채운 것은 무엇을 위해서였습니까? (행 1:22)

2 예수님의 부활은 제자들에게 이미 말씀하셨지만 제자들이 그것을 인식할 때는 언제였습니까? (눅 24:7)

3 예수님은 재림과 종말에 대해서 무엇이라고 가르쳐주셨습니까? (요 14:3)

4 뿐만 아니라 성도의 부활에 대해서도 분명하게 가르쳐주셨습니다. 우리는 무엇을 전해야 하겠습니까? (요 6:39-40)

5. 제자들을 훈련시키셨습니다.

육신으로 이 땅에 오신 예수님은 죽음의 권세를 이기심으로써 구원의 복음을 친히 완성하셨습니다. 그리고 승천하신 후 성령님을 보내심으로써 제자들을 훈련시키고 전도하게 하셨습니다.

1 많은 제자들 중에서 특별히 열두 제자를 부르신 것은 어떤 목적을 위해서였습니까? (막 3:13-15)

2 이렇게 제자들을 훈련시켜 전도자로 삼으신 것은 예수님께서 오신 목적이 무엇이기 때문입니까? (눅 4:43)

3 예수님은 제자들을 전도자로 파송하실 때 무엇을 함께 주셨습니까? (막 6:7)

4 열두 제자뿐 아니라 다른 수많은 제자들, 그리고 오늘날 우리들에게도 예수님은 무엇을 원하시겠습니까? (막 6:12-13)

6. 복음은 온세상에 끝날까지 전파되어야 합니다.

오늘날 발달한 나라일수록 복음전파에 대한 반응들이 너무나도 미미합니다. 그러나 순박한 심령들이 많은 저개발 국가들일수록 복음은 효과적으로 전파되고 수많은 권능들이 나타나고 있습니다.

1 예수님은 이스라엘 전역에뿐 아니라 어디에까지 복음이 전파되어야 한다고 하셨습니까? (마 28:19-20)

2 예수님은 유대인이든지 이방인이든지 누구에게 복음을 전하라고 하셨습니까? (막 16:15-16)

3 천국복음이 온세상에 전파되어야 하는 이유는 무엇입니까? (마 24:14)

4 성도들은 복음전파를 언제까지 어떤 식으로 감당해야 하겠습니까? (딤후 4:2)

7. 당신은 전도를 어떻게 생각합니까?

전도에 대해서 부담감을 가지지 않은 성도는 거의 없을 것입니다. 하지만 실제로 어떤 식으로든 전도를 행하는 성도는 극히 일부분에 국한되고 있습니다. 말로 하는 전도이든 교회로 초청하는 전도이든 아니면 삶으로 보여주는 전도이든 정상적인 성도라면 꾸준히 전도를 시도하게 될 것입니다. 시도해야 한다는 것이 아니라 정상적이고 건강한 성도라면 자연스럽게 전도를 행하게 된다는 말입니다. 그런데도 전도는 점점 더 힘들어지고 있습니다. 하지만 우리는 예수님의 전도의 모습을 살펴보면서 전도의 원리와 원칙을 배우고 있습니다. 누구를 데려오기 전에 기회가 있을 때마다 천국복음과 부활과 재림에 대해 전파해야 할 것입니다.

1 당신의 주변에서 전도하고 싶은 사람이 있다면 열 사람만 기록해 보시고 어떤 관계인지 간략하게 설명해 보십시오.

2 성경이나 전도관련 책자를 보고 예수님께서 전파하신 복음의 내용을 짧게 정리해 보십시오. 그리고 설명해보십시오.

마무리 기도

　　하나님 아버지, 오늘은 예수님께서 전도하신 내용에 대해서 살펴보았습니다. 예수님을 믿기만 하면 구원을 얻는다는 이야기를 들었지만 예수님께서 전도하기 위해 이스라엘을 돌아다니셨다는 말씀은 오늘 이 시간을 통하여 처음으로 생각하게 되었습니다. 우리는 예수님의 제자들이라고 하는데 제자들로서 예수님을 따라 열심히 전도해야 하겠다는 사실도 다시 알았습니다. 하지만 하나님, 아직 믿음이 약하여 누구에게 전도할 만한 용기는 없습니다. 그러므로 아버지께서 전도할 수 있는 열정을 허락해 주시옵소서. 그리고 예수님과 제자들처럼 회개를 전하거나 천국과 지옥이나 예수님의 부활이나 재림과 같은 내용들을 담대하게 설명할 수 있도록 용기를 더하여 주시옵소서.

　사랑의 하나님 아버지, 오늘 예수님께서 복음을 친히 증명하셨다는 말을 들었습니다. 이제까지 전도는 복음을 말로 담대하게 외치고 강하게 권면하는 것으로 알고 있었는데 예수님은 복음을 말로만이 아니라 실제의 삶과 죽음으로 친히 보여주신 것을 알았습니다. 하나님, 제가 비록 너무 미약하지만 앞으로 정말 복음을 삶 속에서 살아내고 싶습니다. 어떻게 하는 것이 복음을 사는 것인지 잘 모르지만 그런 방향으로 전진하면서 갈 수 있도록 많은 것을 배울 수 있도록 해 주시옵소서. 저도 제자들처럼 참 기독교인이 되어 하나님께 영광을 돌려드리고 사람들에게 전도하는 성도가 되도록 힘과 지혜를 더하여 주옵소서. 죽음으로 구원의 길을 열어주신 예수 그리스도의 이름으로 간절히 기도드립니다. 아멘.

제 5 과
예수님과 제자들

　　　　예수님께서 사람들을 고치시고 선포하시고 가르치시고 기도하시며 전도하신 모든 것이 제자들을 통하여 성취되기를 원하셨습니다. 그러므로 예수님께서 제자들, 특히 열두 제자를 부르신 일은 대단히 중요한 사역이었습니다. 비록 가룟 유다로 인하여 예수님의 사명이 실패하는 듯했지만 그것은 오히려 예수님의 사역을 완성시키는 과정일 뿐이었습니다. 어떤 면에서 예수님의 사역의 절반 이상이 제자들을 위한 일들이었습니다. 그렇게 예수님은 제자들을 택하시고 그들과 3년 동안 동고동락하셨습니다. 제자들도 예수님의 가르침과 놀라운 기적들과 권위를 직접 경험하면서 예수님의 사역의 부분들을 충실하게 감당할 수 있을 것 같았습니다.

　그러나 막상 예수님께서 고난을 당하기 시작하시자 전혀 뜻밖에 모두 도망치기에 급급했습니다. 세상을 향하여 예수의 이름을 도전해야 할 제자들은 군병들이 무서워 다락방에 꼭꼭 숨고 말았습니다. 예수님의 제자사역은 실패한 것일까요? 세상은 자신들이 승리한 줄 알았습니다. 하지만 예수님은 죽음은 이기셨고 실패한 것 같았던 제자들도 처절한 실패를 딛고 위대한 복음사역의 주인공들이 될 수 있었던 것입니다.

1. 철야기도 후에 제자들을 택하셨습니다.

예수님은 많은 제자들 가운데 열두 제자를 택하셔서 사도로 삼으셨습니다. 제자를 세우는 일은 굉장히 중요한 일입니다. 비록 뛰어나지는 않지만 이 제자들이 세계복음화를 이루게 되니까요.

1 예수님께서 열두 제자를 택하신 과정을 말해보십시오. (눅 6:12-13)

2 열두 제자들 중에서 가장 많은 직업은 무엇이었습니까? (요 1:44, 막 1:16-20)

3 열두 제자 중에는 다양한 성격과 성향을 가진 사람들이 있었습니다. 가장 반대되는 사람은 누구이겠습니까? (눅 6:14-16)

4 심지어 장차 예수님을 배반할 가룟 유다까지 포함시키신 이유는 무엇이겠습니까? (요 13:27, 행 1:16)

2. 열두 제자를 세우신 목적이 있습니다.

예수님의 계획은 열두 제자를 통하여 이스라엘에 전도가 이루어지고 예수님께서 부활 승천하신 후에 세상 모든 민족에게 복음이 전파되어 하나님의 나라가 세워지게 하는 데 있었습니다.

1 예수님은 열두 제자들이 최후의 날에 어떻게 된다고 말씀하셨습니까? (눅 22:28-30)

2 열두 제자들을 위해 본을 보이시고 가르치신 것 외에 예수님은 제자들을 위해 무엇을 하셨습니까? (눅 22:31-32)

3 예수님은 제자들을 전도대로 파송하시면서 어떤 권세를 허락하셨습니까? (눅 10:17-19)

4 제자들에게 명령하신 말씀은 무엇이며 오늘날 우리들과는 어떤 관계가 있습니까? (마 28:18-20)

3. 제자들은 변화되지 못했습니다.

그러나 예수님을 3년 동안 따라다녔던 제자들은 거의 변화되지 못했습니다. 그들의 실상은 인본적인 모든 요소를 버리지 못하고 여전히 자기중심적으로 예수님을 따르고 있었습니다.

1 예수님이 죽임을 당하시고 사흘 후에 살아날 것이라고 하셨을 때 베드로의 반응은 어떤 것이었습니까? (마 16:21-22)

2 3년이나 따라다녔지만 변화되지 못한 베드로의 모습을 보시고 예수님은 베드로에게 어떤 말씀을 주셨습니까? (마 16:23)

3 베드로뿐 아니라 야고보와 요한은 어머니를 보내 어떤 부탁을 드렸습니까? 다른 제자들은 어떻습니까? (마 20:20-21, 24)

4 그러나 변화되어야 할 제자들의 모습을 예수님은 어떻게 설명하셨습니까? (마 20:26-27)

4. 제자들은 전부 예수님을 배반했습니다.

급기야 제자들은 변화된 모습을 보여주는 것이 아니라 고난을 피해 도망가기에 바빴습니다. 사실 여기까지만 보면 예수님의 인류구원계획은 실패한 것으로 보이기에 충분했습니다.

1 예수님이 잡히실 때에 아직 변화되지 못한 모든 제자들은 어떤 모습을 보였습니까? (막 14:50)

2 특히 수제자였던 베드로는 예수님의 고난의 현장에서 어떤 반응을 보였습니까? (마 26:74)

3 베드로는 닭이 울자 비로소 예수님의 말씀이 생각나서 어떻게 행동했습니까? (마 26:75)

4 그 이전에 베드로는 자기가 예수님을 부인할 것이라는 예수님의 예언에 어떻게 반응했습니까? (마 26:33-35)

5. 마침내 제자들을 변화시키셨습니다.

예수님이 십자가에서 고난을 당하시고 죽으셨다가 부활하시고 승천하실 때까지 제자들은 변화된 모습을 보여주지 못했지만, 오순절 성령강림사건으로 제자들은 완전히 변화되었습니다.

1 예수님의 모든 가르침들이 제자들을 어떻게 변화시킬지에 대해 예수님은 어떤 말씀을 주셨습니까? (요 14:26)

2 예를 들어 예수님께서 어린 나귀를 타고 예루살렘에 입성하신 사건에 대해 제자들은 언제 깨달았습니까? (요 12:14-16)

3 성령께서 임하시자 제자들은 너무나도 크게 변화되었습니다. 베드로는 성령 충만하여 어떤 일을 했습니까? (행 2:38, 41)

4 제자들은 심지어 공권력의 압박을 받은 후에도 어떻게 행했습니까? (행 4:18-20)

6. 당신은 과연 제자입니까?

성령님의 일하심이 아니면 예수님을 주인으로 영접할 수 없습니다. 곧 성도가 된 사람은 이미 성령님의 임재하심 속에 있는 것입니다. 제자들은 성령강림 이전에는 이름만 제자였던 것처럼 변화되지 못한 모습을 보여주었지만, 그럼에도 예수님은 지속적으로 제자들을 가르치시고 본을 보이시고 경험하게 해 주셨습니다. 그 당시 당장에는 제자들에게 아무 소용이 없는 것 같았지만 하나님의 때가 되자 제자들은 변화되었고 그리고 생전의 예수님의 가르침들을 다 생각해내고 그 말씀대로 살았습니다. 열두 제자들과 같지는 않지만 우리도 제자들입니다. 아직 제자다운 삶을 살지 못하더라도 지속적으로 예배드리고 배우고 경험하면서 변화되어갈 것입니다.

1 당신은 예수님의 제자로서의 삶을 살기 위해 어떤 노력을 기울이고 있습니까?

2 당신이 예수님의 제자의 삶을 살지 못하고 있다면 그 이유는 무엇이겠습니까?

마무리 기도

하나님 아버지, 참으로 감사드립니다. 허물 많고 연약한 제자들을 불러주시고 친히 본을 보이시면서 가르치시고 비록 실패했지만 다시 부르셔서 온 세상을 복음으로 정복하게 하심을 감사드립니다. 우리가 지금 예수님을 믿는 것도 전부 제자들 덕분인데, 그래서 오늘날 우리 신앙인들을 제자들이라고들 말하는데, 그런데 제자들의 모습과는 너무나도 동떨어진 삶을 살고 있기에 부끄러울 뿐입니다. 우리는 마치 변화되기 이전의 제자들과 똑같은 모습으로 살고 있을 뿐임을 너무나도 잘 알고 있습니다. 그렇다고 그 제자들처럼 성령님을 만나지 못한 것도 아니건만, 성령님의 능력으로 믿음을 가져놓고도 변화된 제자들과 같은 삶을 살지 못하고 있습니다.

세상이 아무리 많이 변했어도 우리는 여전히 예수님의 제자들일 텐데, 그렇다면 우리도 변화된 제자들의 십분의 일이라도 닮은 모습을 보여주어야 하는데, 우리는 여전히 두려움과 염려 가운데 세상을 살고 있습니다. 하나님 아버지, 도와주시옵소서. 우리의 모든 인간적인 생각을 내려놓고 우리 안에 거하시는 성령님께서 우리를 통치하실 수 있도록 우리에게 더욱 힘을 더하여 주옵소서. 아버지, 성령강림 이후에 제자들이 어떻게 살았는지 구체적으로 알 수는 없겠으나 그들이 만약에 오늘날 한국에 온다면 어떻게 살 것인가를 생각할 수 있게 하시고, 성경 말씀에 순종함으로써 제자다운 제자의 삶을 살 수 있도록 인도하시고 보호해 주옵소서. 우리를 구원하신 예수 그리스도의 이름으로 기도드립니다. 아멘.

제 6 과
예수님과 바리새인들

　　바리새인들은 율법의 해석자요 전달자요 수호자들이었는데 어쩌다가 예수님을 십자가에 매달게까지 되었을까요? 바리새인들은 두 가지 면에서 잘못되었습니다. 하나는 율법의 본래 의미를 알지 못했다는 것입니다. 바리새인들이 율법의 외적인 조항에만 집중하다가 보니까 정작 하나님께서 그렇게 정해주신 목적과 이유를 무시했던 것입니다. 그 결과 그들은 하나님 앞에서 위선을 펼치는 사람들이 된 것입니다. 또 하나 바리새인들의 잘못은 그 율법을 자기들의 기득권을 지키는 일에 사용했다는 것입니다. 하나님의 마음을 표현해야 할 율법이 오히려 그들의 밥그릇 지키기의 수단이 되어 버렸던 것입니다.

　　결국 예수님은 바리새인들에게 하나님의 마음과 뜻을 가르치시다가 그들의 권리를 건드리셨고, 바리새인들은 군중들에게 권력을 빼앗길까봐 온갖 계략을 동원하여 예수님을 붙잡았던 것입니다. 마치 구약의 선지자들처럼 예수님은 하나님의 사랑을 백성들에게 펼치기 위해 이 땅에 오셨습니다. 그리고 백성들의 죄를 대신하여 십자가에 죽으시러 오셨습니다. 우리들은 바리새인들처럼 하나님의 뜻을 따른다고 하면서도 예수님을 못 박지 않도록 바른 신앙을 가져야 하겠습니다.

1. 율법 문제로 많이 부딪치셨습니다.

율법의 전통만을 고집하던 바리새인들과 그 율법의 본질을 강조하시던 예수님은 언제나 율법 문제로 많이 부딪쳤습니다. 하지만 외적으로만 율법을 지키는 것으로는 하나님을 만날 수 없습니다.

1 가장 크게, 자주 부딪치는 문제는 안식일 문제였습니다. 바리새인들은 안식일의 어떤 문제로 비판했습니까? (눅 13:11-14)

2 예수님의 답변은 이들의 주장을 여지없이 무너뜨리셨습니다. 예수님의 대답은 무엇이었습니까? (눅 13:15-16)

3 바리새인들이 예수님을 공격하는 또 다른 중대한 문제는 무엇이겠습니까? (눅 5:20-21)

4 율법에 금하고 있는 죄인들과 거리낌 없이 접촉하시는 예수님을 비판하자 예수님은 무엇이라고 하셨습니까? (막 2:15-16)

2. 예수님은 바리새인들을 비판하셨습니다.

예수님이 의도하신 것은 아니지만 예수님의 가르침은 바리새인들의 심기를 건드리기에 충분했습니다. 그것은 예수님의 가르침뿐 아니라 저들의 기득권을 지키기 위함이기도 했습니다.

1 바리새인들의 가장 위선적인 행동의 대표적인 모습을 보여주는 것은 어떤 것입니까? (마 15:3-6)

2 바리새인들의 가장 큰 위선은 율법을 잘 지키는 것 같지만 사실은 그 반대인 것입니다. 어떤 내용입니까? (마 23:2-7)

3 바리새인들의 종교적인 위선의 마지막은 예수님을 영적으로 공격하는 것입니다. 어떤 비판입니까? (마 12:22-24)

4 결국 예수님은 바리새인들을 결정적으로 공격하십니다. 어떻게 말씀하셨습니까? (마 12:34, 23:13, 23 등)

3. 바리새인들은 예수님을 시험했습니다.

바리새인들은 예수님과 교리적으로 대립하기 힘들어졌습니다. 백성들이 예수님을 따르기 때문이었습니다. 따라서 그들은 호시탐탐 예수님을 올무나 함정에 빠뜨리고자 계속 시험했습니다.

1 가장 강한 시험은 어쩌면 율법 문제가 아니라 세상 문제로 시험하는 것입니다. 어떻게 시험했습니까? (막 12:13-15)

2 율법으로는 음행하다가 현장에서 붙잡히면 돌로 쳐서 죽여야 합니다. 그러나 예수님은 어떻게 이기셨습니까? (요 8:7)

3 바리새인들은 정탐꾼들을 보내 어떤 방식으로 예수님을 시험하고 책을 잡게 했습니까? (눅 20:20)

4 바리새인들은 하늘로서 오는 표적을 보여주시기를 강권했습니다. 예수님의 대답은 무엇이었습니까? (마 12:38-39)

4. 외식하는 자들을 저주하셨습니다.

복음서에 보면 예수님은 바리새인들의 원수처럼 보입니다. 왜 예수님은 유독 바리새인들을 비판하셨겠습니까? 그들이 지도층이기 때문이기도 하지만 그들의 신앙적인 위선 때문이었습니다.

1 예수님은 오히려 세리와 죄인들은 책망하지 않으셨습니다. 그 이유는 무엇이겠습니까? (눅 18:11-14)

2 예수님께서 바리새인들을 저주하신 가장 큰 이유는 무엇입니까? (마 23:25-27)

3 결국 그런 위선적인 마음은 사람들에게 어떻게 보이려고 애를 쓰게 되겠습니까? (마 6:2, 5, 16)

4 결국 바리새인들의 이런 위선과 외식은 백성들에게 어떤 영향을 미쳤습니까? (마 23:13, 15)

5. 바리새인들은 예수님을 죽이기로 했습니다.

율법에 살인하지 말라고 했지만 바리새인들은 율법을 피하여 합법을 가장하기 위해 예수님께 죄를 뒤집어씌울 수밖에 없었습니다. 그리하여 대제사장들과 헤롯당까지 끌어들였습니다.

1 바리새인들이 예수님을 쉽게 처리하지 못한 가장 큰 이유는 무엇이었습니까? (막 11:18)

2 바리새인들은 경쟁자이며 같은 기득권층이었던 반대파까지 끌어들였습니다. 그들은 누구입니까? (요 11:57)

3 심지어 사이가 전혀 좋지 않았던 또 다른 무리들과도 손을 잡았습니다. 그들은 누구입니까? (막 3:6)

4 결국 예수님은 누구에 의해서 체포되셨고, 고난을 받게 되셨습니까? (요 18:3)

6. 우리 속에 바리새적 요소가 있습니다.

바리새인들의 모습은 지나치게 교리와 전통에 얽매이는 것을 경계하게 만듭니다. 왜냐하면 하나님을 믿는다고 하지만 교회에서 열심히 신앙생활을 하다가 보면 바리새인들과 같은 요소들이 우리들 속에도 존재하기 때문입니다. 사람은 누구나 조금씩은 위선적인 모습을 보여주고 있지만 그 위선이 신앙생활과 연결될 때에는 심각한 바리새화가 이루어질 수밖에 없는 것입니다. 종교적인 위선은 하나님보다 사람을 더 의식할 때에 심화됩니다. 또한 본질을 생각하지 않고 무조건 무엇을 지키는 것만 강조하면 바리새화가 되기 쉽습니다. 바리새화가 되면 거룩한 척하거나 다른 사람을 정죄하기 쉽고 겉과 속이 딴판인 사람으로 변하는데, 자신은 그것을 전혀 의식하지 못하게 되는 것입니다.

1 혹시 당신에게 신앙적인 위선이 생길 가능성이 있다면 어떤 부분이겠습니까?

2 우리의 신앙생활이 바리새화가 되지 않으려면 어떤 부분에서 애를 써야 하겠습니까?

하나님 아버지, 아직은 잘 모르겠지만 하나님을 잘 믿고 가르친다는 바리새인들이 오히려 예수님을 십자가에 못 박았다는 사실이 안타깝습니다. 그들은 하나님의 백성들이고 하나님의 율법을 가지고 있는 유일한 민족이었음에도 불구하고 오히려 메시아 예수님을 십자가에 못 박히게 하고 말았습니다. 물론 우리가 그 덕분에 부활하신 예수님을 믿게 되었지만, 우리들도 말씀을 바로 알고 실천하지 못하면 바리새인들과 같은 모습이 될 수도 있음을 느끼게 되었습니다. 오늘날 교회가 온갖 비난을 받는 것도 이 바리새인들과 같은 모습이 신앙인들을 통해 보이기 때문이 아니겠습니까?

하나님, 남들 이야기하기 전에 우리 스스로를 말씀의 거울에 비추어볼 수 있게 해 주시옵소서. 정말이지 성경말씀을 정확하고 자세하게 알기가 어렵습니다. 성경을 읽는 일조차도 충분히 마음대로 하지 못하고 있습니다. 그러므로 우리가 조금 아는 성경말씀이라도 순종할 수 있는 믿음을 주시옵소서. 특히 신앙적인 위선을 보이지 않도록 성령님으로 가르쳐주옵소서. 예배나 기도나 찬양을 드릴 때에도 남들을 의식하는 것이 아니라 진심으로 드릴 수 있도록 도와주시옵소서. 바리새인들의 모습을 보면서 우리들의 신앙을 점검할 수 있도록 해 주시고 예수님을 더욱 사랑할 수 있도록 함께 해 주시옵소서. 우리 죄를 위해 십자가에서 돌아가신 우리 주 예수 그리스도의 이름으로 간절히 기도드립니다. 아멘.

제 7 과
예수님과 권력자들

　　예수님을 믿는 성도들은 사실상 거대한 권력들 아래에서 자기 신앙을 지켜야 하는 사람들입니다. 정치권력, 종교권력이 가장 크지만 기독교 신앙을 훼방할 수 있는 모든 힘들을 권력이라고 할 수 있을 것입니다. 특히 예수님의 인간구원사역에 대해서는 유형무형의 크고 작은 모든 권력들이 훼방하려고 모든 힘들을 다 쏟아내고 있었습니다. 예수님은 그런 힘들을 장악하고 있는 사탄의 권력과 맞부딪치셨던 것입니다. 물론 그 싸움은 외형적으로는 예수님의 패배일 수밖에 없었습니다. 그 권력을 물리치려면 권력의 생명 줄을 끊어버려야만 했습니다. 그것이 바로 사탄이 움켜쥐고 있는 죽음의 권세였습니다. 예수님은 그 죽음을 이기셔야만 했던 것입니다.

　죽음을 이기려면 죽는 수밖에는 없습니다. 바리새인들을 비롯하여 대제사장들은 자신들의 권력을 지키기 위해 예수님을 제거해야만 했습니다. 그런 사람들의 계략과 올무에 예수님은 스스로 걸어 들어가셨던 것입니다. 대제사장들을 비롯한 모든 권력들이 예수님을 십자가에 매다는 데에 모든 것을 걸었습니다. 하지만 예수님은 그런 세속권력에 대항할 필요가 없으셨습니다. 죽음에서 승리하고 부활하시기 위해 예수님은 모든 것을 참으셨습니다.

1. 예수님과 대제사장들

대제사장들은 주로 성전에서 예수님과 부딪쳤습니다. 예수님은 모든 사람의 죄를 대속하기 위한 제물이 되셔야 했기 때문에 제사를 집례하는 대제사장들에게 걸릴 수밖에 없었습니다.

1 예수님은 누구에게 고난을 당할 것이라고 말씀하셨습니까? (마 16:21)

2 대제사장들이 예수님을 못마땅하게 생각한 직접적인 이유는 무엇이었습니까? (마 21:12-15)

3 대제사장들은 예수님께서 하시는 일을 어떻게 무너뜨리려고 했습니까? (막 11:27-30)

4 결국 대제사장들은 예수님을 무슨 죄로 몰아붙여서 제거하려고 했습니까? (마 26:53-66)

2. 예수님을 원수 삼은 대제사장들

한마디로 하면 대제사장들을 비롯한 공회, 곧 종교권력자들은 예수님께서 살아계시는 한 자신들의 존립 자체를 위협받게 된다고 생각했습니다. 하나님 때문에 자기들이 존재할 수 없다니요?

1 대제사장들에 대해서 예수님은 어떤 비유를 통하여 결론을 내리셨습니까? (마 21:37-44)

2 대제사장들은 예수님뿐 아니라 예수님께서 살려주신 나사로까지 죽이려고 했습니다. 왜 그랬습니까? (요 12:9-11)

3 십자가에 달리신 예수님을 보고 공회원들은 무엇이라고 조롱했습니까? (마 27:41-43)

4 대제사장들은 심지어 예수님께서 부활하신 다음에도 무슨 일을 벌였습니까? (마 28:11-13)

3. 대제사장들에 대한 예수님의 마음

우리가 생각해야 할 것은 예수님께서 대제사장들이나 서기관들을 비판하셨다고 해서 그들을 원수 삼으시거나 대제사장의 제도나 직분 자체를 공격하신 것이 아니라는 점입니다.

1 그렇게 대제사장들이나 서기관들에 의해 죽으실 것을 아시면서도 계명들은 어떻게 하라고 하셨습니까? (마 8:3-4)

2 예수님은 특정 사람을 비판하신 것이 아니라 은유적으로 제사장에 대해 어떻게 말씀하셨습니까? (눅 10:30-33)

3 대제사장들이 보낸 군병들이 체포하러 왔을 때 베드로가 칼을 휘두르자 예수님은 무엇이라고 하셨습니까? (마 26:52-54)

4 예수님께서 대제사장들을 대적하지 않으신 까닭은 무엇이겠습니까? (요 18:36)

4. 예수님과 빌라도

이스라엘을 실질적으로 관장하던 총독 빌라도는 예수님과 별로 관계가 없는 사람이었습니다. 하지만 그는 예수님의 사형을 최종적으로 결정하면서 역사의 한복판에 서게 되었습니다.

1 빌라도는 예수님과의 대화에서 로마법에 의한 예수님의 처형에 대해서 어떻게 판단했습니까? (요 18:37-38)

2 그래서 빌라도는 예수님 문제를 어떻게 처리하려고 시도했습니까? (마 27:15-18)

3 그러나 빌라도의 예상과는 다르게 군중들은 누구를 석방하라고 소리쳤습니까? 왜 그랬습니까? (마 27:20-21)

4 빌라도는 백성들의 요구를 들어줄 수밖에 없었습니다. 그는 무엇이라고 했으며 왜 그랬습니까?

5. 예수님과 헤롯 왕

당시 갈릴리의 분봉왕 헤롯은 예수님과 가장 밀접한 관련이 있었지만 예수님은 헤롯에 대해서도 거의 무관심했습니다. 다만 그의 부도덕성과 교활함에 대해서는 적나라하게 비판을 가하셨습니다.

1 예수님의 소문을 처음 들은 헤롯은 어떤 반응을 보였습니까? (막 6:14-16)

2 하지만 예수님은 헤롯에 대해서 무엇이라고 말씀하셨습니까? (막 8:15, 눅 13:32)

3 그런데 헤롯은 빌라도가 체포한 예수님을 자기에게 보내자 어떤 반응을 보였습니까? (눅 23:6-9)

4 결국 교활한 헤롯은 예수님을 어떻게 했으며 그 이유는 무엇이겠습니까? (눅 23:11-12)

6. 예수님과 로마 황제

당시 이스라엘에게는 로마의 지배에서 해방되는 것이 지상과제였습니다. 그래서 예수님의 사명을 로마를 무너뜨리는 것이라고 오해하기도 했지만 예수님은 지상 나라에는 관심이 없으셨습니다.

1 야고보와 요한은 예수님께서 세우실 나라를 어떤 것으로 생각했습니까? (막 10:35-37)

2 그래서 대제사장들과 공회는 어떤 말로 예수님을 처형해야 한다고 합리화했습니까? (요 11:48)

3 하지만 예수님은 분명하게 국가에 대해서 말씀하신 적이 있었습니다. 그것은 어떤 뜻이었습니까? (요 18:36)

4 예수님은 오히려 로마의 식민지 지배를 묵인하시는 것 같았습니다. 어디에서 알 수 있습니까? (막 12:17)

7. 권력자들은 세상의 힘입니다.

예수님께서 바라보시는 권력자들은 종교적 권력자들과 정치적 권력자들로 나뉘어 있었습니다. 그런데 예수님은 현실적으로 백성들의 삶을 지배하는 정치권력에는 거의 관심이 없으셨고, 그 대신 하나님의 법을 더럽히고 있는 종교권력자들에 대해서는 적나라하게 비판해마지 않으셨습니다. 그만큼 종교적인 위선은 누구에게나 숨어있는 우리들의 모습이라는 것입니다. 그러나 권력은 영적으로 볼 때 성도의 바른 신앙을 훼방하는 모든 힘이라고 정의할 수 있습니다. 문화, 물질, 고난, 박해, 욕심과 같은 모든 요소들도 전부 권력이라고 할 수 있는 것입니다. 그러므로 예수님과 같이 권력의 영향력보다는 하나님의 말씀의 영향력 아래에 우리를 두도록 힘써야 할 것입니다.

1 대제사장들이 보여주었던 종교적 위선 중에서 당신에게서도 발견될 수 있는 부분이 있겠습니까?

2 세상으로부터 오는 여러 가지 형태의 권력들 중에서 당신에게 가장 큰 권력은 무엇입니까?

마무리 기도

하나님 아버지, 오늘은 대제사장들을 비롯한 그 당시 종교권력자들 및 빌라도를 비롯한 세속권력자들과 예수님의 이야기를 살펴보았습니다. 결국 예수님의 생애는 하나님의 나라를 훼방하는 모든 권력과의 싸움임을 다시 한 번 깨달았습니다. 그 싸움에서 승리하는 길은 예수님의 죽으심 외에는 없었고 그러므로 예수님은 어떤 권력이든지 전혀 두려워하지 않으셨음을 알았습니다. 하나님의 나라는 하나님께서 세우시는 것이지 인간의 노력으로 되는 것이 아니기에 예수님은 죽음으로써 모든 것을 하나님께 맡기셨습니다. 그렇게 하심으로써 우리들을 구원해주시니 참으로 감사를 올려드립니다. 하나님의 은혜에 감사하여 주님 뜻대로 살게 해 주옵소서.

아버지, 동시에 오늘날 우리에게 대제사장들이나 총독이 존재하지 않지만 우리들이 하나님의 뜻대로 살 수 없도록 훼방하고 압박하는 눈에 보이지 않는 대제사장들이 있음을 고백합니다. 그 보이지 않는 대제사장들은 어쩌면 물질적인 압박이나 육체의 질병일 수도 있을 것입니다. 어쩌면 세상에서 성공하고 싶은 욕구나 더 많이 쌓고 싶은 욕심이 바로 대제사장들일 수도 있을 것입니다. 이런 보이지 않는 권력들이 우리를 훼방하지 못하도록 인도해 주시옵소서. 하지만 그런 유혹이나 박해가 들어올지라도 예수님처럼 하나님의 나라를 위해 전혀 두려워하지 않도록 믿음을 더하여 주시고 성령으로 더욱 충만하게 채워주셔서 담대하게 이겨나갈 수 있도록 도와주시옵소서. 우리를 위해 권력자들의 모든 모욕을 참아주신 예수 그리스도의 이름으로 기도드립니다. 아멘.

제 8 과
예수님과 약자들

　　이 세상에서는 아무리 완벽한 제도를 만들어내어도 약자나 소외된 계층이 생겨나게 마련입니다. 천국이 아닌 이상 어쩔 수 없을 것입니다. 그래서 예수님도 가난한 사람들은 항상 주변에 있다고 하셨던 것입니다. 바로 거기에 우리 그리스도인들의 사명이 생겨납니다. 예수님께서 이 땅에 오신 이유는 근본적으로는 사람들의 죄를 씻어주시기 위해서였지만, 다른 의미에서는 약하고 소외된 사람들을 고쳐주기 위함이기도 한 것입니다. 그래서 예수님께서 친히 그들의 편이 되어 주시고 아픔과 약점을 고쳐주시고 그것을 통하여 가난한 사람들에게 복음이 전파될 수 있게 하셨던 것입니다.

　　우리는 예수님의 사역을 통하여 우리가 약자들을 어떻게 대해야 할지를 알 수 있습니다. 대개 모든 것이 갖추어진 사람들은 예수님을 별로 필요로 하지 않았습니다. 그러나 병든 사람들이나 가난한 사람들이나 소외되거나 따돌림 당하는 많은 사람들은 예수님을 절실하게 필요로 했습니다. 그래서 저들에게 구원이 빠르게 임할 수 있었던 것입니다. 예수님은 죄수들이나 세리들과 같이 일견 강해보이는 사람들도 약자로 생각하셨습니다. 주류사회에서 외곽으로 밀려난 사람들이기 때문입니다. 그러므로 그리스도인들도 예수님을 따라 약자들을 돌보는 사람들이 되어야 하는 것입니다.

1. 예수님과 가난한 사람들

예수님은 가난한 사람들에 대해 관심이 많으셨고 늘 가깝게 지내셨습니다. 그렇다고 무조건 가난한 사람들의 편이셨던 것은 아니고 또 그들의 편에 서서 부자들과 대립하신 것도 아니었습니다.

1 예수님께서 이 세상에 오신 것은 가난한 사람들에게 무엇을 주기 위해서였습니까? (눅 4:18-19)

2 부자에게 소유를 팔아 가난한 사람들에게 나누어주라고 하신 말씀은 어디에 초점이 있는 것입니까? (눅 18:22)

3 예수님께서 두 렙돈을 헌금한 과부를 칭찬하신 것은 무슨 이유에서였습니까? (눅 21:2-4)

4 결국 돈 많은 사람이 복된 것이 아니라 어떤 사람이 복 있는 사람입니까? (눅 6:20, 마 5:3)

2. 예수님과 세리들

세리란 우리나라 일제강점기의 친일파나 앞잡이와 같은 사람들입니다. 그들은 자기 백성들에게서 세금을 거두어서 부자가 된 사람들입니다. 그런데 예수님은 이 세리들과 가까우셨습니다.

1 예수님은 세리나 죄인과 같은 사람들과 가깝게 지내심으로써 어떤 별명을 얻으셨습니까? (눅 7:34)

2 예수님께서 세리들과 가까운 것은 가난한 사람들과 같습니다. 세리와 바리새인들의 심령상태는 어땠습니까? (눅 7:29-30)

3 세리들과 바리새인들의 중요한 차이는 예수님의 말씀에 대한 태도에 있었습니다. 어떤 차이가 있었습니까? (눅 15:1-2)

4 예수님께서 세리들과 가까우신 것은 그들의 심령 때문이었습니다. 결과적으로 어떻게 된다고 하셨습니까? (마 21:31-32)

3. 예수님과 죄인들

죄인은 일반적으로 범법자나 전과자들을 뜻하는 말이었지만 복음서에서는 이 죄인이라는 말이 여러 가지 의미를 포함하고 있었습니다. 예수님은 모든 의미에서 죄인들의 친구이셨습니다.

1 예수님은 이 죄인들을 영적으로 어떤 사람들이라고 여기고 계셨습니까? (막 2:17)

2 '죄인'이라는 말은 베드로가 처음 예수님을 만났을 때에도 사용했습니다. 어떤 뜻이었습니까? (눅 5:8)

3 예수님께서 죄인들을 위해 오셨다면 어떤 죄인을 위해서 오셨겠습니까? (눅 18:13-14)

4 그래서 하나님은 스스로를 의롭다고 여기는 사람들보다 어떤 사람 때문에 더 기뻐하시겠습니까? (눅 15:7)

4. 예수님과 병든 사람들

이 세상에서 죄가 사라지기 전에는 병든 사람은 반드시 존재합니다. 죽음과 질병은 원론적으로 죄가 세상에 들어옴으로써 발생한 것이기 때문에 질병 역시 죄와 관련된 경우가 많습니다.

1 예수님이 그리스도시라는 증거를 성경은 무엇이라고 예언하고 있습니까? (마 11:5)

2 예수님께서 사람들의 질병을 고쳐주시면서 자주 하신 말씀은 어떤 내용입니까? (마 9:22)

3 어떤 의미에서 장애는 하나님의 무엇을 위해서 주어졌습니까? 어떤 태도가 중요합니까? (요 9:2-3)

4 예수님은 질병을 쫓아내기 위해 오셨지만 그 이전에 무엇을 해결하려고 오셨습니까? (마 1:21)

5. 당신은 어떻게 약자의 편에 서겠습니까?

약자라는 것은 자기 힘으로 무엇을 어떻게 할 수 없는 모든 사람들을 가리킵니다. 예수님은 약자들의 편이 되어주셨습니다. 하지만 예수님께서 약자들의 편이라고 해서 그들의 권익을 쟁취하기 위해 싸우신 것은 아니었습니다. 예수님은 그들의 약점을 고쳐주심으로써 그들이 하나님을 만날 수 있도록 도와주신 것입니다. 사도 바울이 "우는 자들과 함께 울라."(롬 12:15)고 한 것은 그들의 아픔과 필요를 채워주라는 의미 이상은 아닌 것입니다. 오늘 우리들의 주변에는 약하고 가난하고 힘없는 사람들이 많이 있습니다. 우리는 예수님처럼 그들의 친구가 되어 주고 제도의 틈새에 있는 사람들을 도와주고 물질이나 삶의 필요를 함께 주님의 이름으로 나눔으로써 주님과 같은 일을 감당해야 할 것입니다.

1 당신은 주변의 약한 사람들을 어떤 식으로 얼마만큼이나 돕고 있습니까?

2 구체적으로 돕고 있지 못하다면 이제부터 어떻게 도울 수 있겠습니까?

마무리 기도

하나님 아버지, 예수님께서 약자들이나 소외된 사람들을 어떻게 생각하시고 대하셨는지를 살펴보았습니다. 갖추어진 사람들보다 주변에서 밀려난 사람들을 예수님께서 가까이 하신 것은 저들의 영혼 때문이었습니다. 우리도 믿음이 없을 때에는 영적으로 소외되어 있었는데 성령님으로 인하여 믿음을 가지게 되었습니다. 진심으로 감사드립니다. 아버지, 그럼에도 불구하고 우리는 가난하고 소외된 사람들보다는 부자나 권세가 높은 사람들을 더 높이 생각하고 그들을 더 환대했습니다. 용서해주시옵소서. 우리에게 어떤 유익이 있을까를 생각하는 것이 아니라 소외된 사람들에게 어떤 유익을 줄 수 있을까를 먼저 생각할 수 있도록 도와주시옵소서.

하나님, 예수님께서 그렇게 병든 사람들, 귀신들린 사람들, 죄수나 세리들과 함께하심으로써 저들의 마음을 어루만져 주시고 그런 아픔들로 인하여 오히려 하나님을 믿게 하셨던 것 같이 오늘 우리들도 그런 마음을 가지게 해 주시고, 예수님의 명령대로 그 이웃을 마치 자기 자신처럼 생각할 뿐만 아니라 저들에게 주님 사랑을 전할 때에는 아예 저들이 되어서 자신의 일을 하는 성도들이 되게 해 주시옵소서. 사랑을 베풀려면 가난하고 병들고 소외되어서 우리들에게 아무 것도 갚을 수 없는 사람들에게 베풀라고 하신 주님, 비록 우리가 여러 가지로 부족하고 연약하지만 마음만은 우리 예수님처럼 그렇게 이웃에게 사랑을 베푸는 마음으로 충만하게 해 주시옵소서. 소외되고 가난한 사람들을 위해 이 땅에 오신 우리 주 예수 그리스도의 이름으로 기도드립니다. 아멘.

제 9 과
예수님을 사랑한 사람들

　　　　예수님의 마음은 모든 사람이 복음을 받아들이고 구원에 이르게 하는 데 있습니다. 그것을 위해 예수님은 스스로를 희생하셨고 용서하셨으며 목숨까지 아낌없이 드리셨습니다. 우리는 보통 여기까지 이야기합니다. 그러나 우리를 위해 생명도 던져버리신 예수님을 믿는 우리들의 이야기는 잘 하지 않습니다. 물론 은혜로 구원받고 믿음으로 승리한 이야기는 많지만, 예수님을 사랑하는 이야기는 많이 하지 않습니다. 예수님이 사랑이시라면 성도도 사랑입니다. 은혜로 구원받고 믿음으로 승리했다면 이제는 예수님을 사랑하기 위해 살 수 있어야 합니다. 예수님 사랑, 하나님 사랑이 삶의 목적이 되어야 하는 것입니다.

　물론 뚜렷하게 '사랑'이라는 단어를 사용하지 않을 수도 있습니다. 믿음으로 행하는 모든 일이 사실은 사랑하기 때문에 행하는 일이 되어야 한다는 것입니다. 복음서에는 비록 불완전하지만 예수님을 사랑한 몇몇 사람의 이야기가 나옵니다. 아직 성령으로 변화되기 이전이었지만, 이들은 사랑하기 때문에 행한 사람들이었습니다. 사도 바울의 말대로 사랑이 없으면 자기 목숨을 내어줄지라도 울리는 꽹과리에 불과한 것입니다. 예수님을 사랑하기 바랍니다.

1. 사도 베드로

베드로는 예수님을 사랑하는 대표적인 사람입니다. 베드로를 통해 배울 수 있는 것은 예수님을 사랑하는 사람은 큰 실수를 저질러도 반드시 회복한다는 것입니다.

1 부활하신 예수님은 베드로에게 같은 질문을 세 번이나 반복하셨습니다. 어떤 질문입니까? (요 21:15-17)

2 그런데 베드로의 대답은 똑같았습니다. 무엇이라고 대답했습니까? (요 21:15-17)

3 정도의 차이는 있겠지만 가룟 유다도 예수님을 배반했습니다. 그런데 베드로만 회복한 이유는 무엇이겠습니까?

4 베드로가 자신이 겪었던 실패와 사랑에 대해서 무엇이라고 성경에 기록했습니까? (벧전 4:8)

2. 사도 요한

요한복음에서 사도 요한은 늘 자신을 주님의 사랑하시는 제자라고 말하곤 했습니다. 거의 인생 말년에 기록한 복음서에서 요한은 스스로 예수님을 얼마나 사랑했는지를 표현하고 있었던 것입니다.

1 예수님께서 특별히 요한을 사랑하시는 장면을 어디에서 찾아볼 수 있겠습니까? (요 19:25-27)

2 그러나 요한은 예수님의 이 말씀을 어떻게 받아들였겠습니까? (마 12:47-50)

3 예수님과 예수님의 어머니를 깊이 사랑했던 요한은 결국 믿음이란 무엇이라고 갈파했습니까? (요일 4:11-12)

4 예수님을 지극히 사랑했던 요한은 어느 정도까지 서로 사랑해야 한다고 강조했습니까? (요일 3:16)

3. 막달라 마리아

우리가 알다시피 예수님께서 부활하신 후에 막달라 마리아에게 가장 먼저 보이셨습니다. 막달라 마리아는 다른 제자들과는 달리 뜨거운 사랑으로 예수님의 부활을 믿을 수 있었기 때문입니다.

1 막달라 마리아가 조건이나 상황과는 관계없이 예수님 자신을 사랑했다는 증거를 어디에서 찾을 수 있습니까? (막 16:1)

2 하지만 다른 제자들은 마리아의 증언을 듣고도 어떤 반응을 보였습니까? (막 16:11-13)

3 결국 나중에 부활하신 예수님께서 제자들에게 나타나셨을 때 어떤 말씀을 주셨습니까? (막 16:14)

4 다른 제자들의 믿음과 막달라 마리아를 비롯한 여인들의 믿음에는 어떤 차이가 있겠습니까? (요 20:16-17)

4. 아리마대 요셉

아리마대 요셉은 다른 제자들과는 달리 숨어서 예수님을 믿던 사람이었습니다. 여러 가지 상황상 현실을 떠나 예수님을 따라갈 수는 없었지만 나름대로 예수님을 사랑하고 있던 사람이었습니다.

1 아리마대 요셉의 직업은 무엇이며 그는 신앙을 어떤 식으로 표현했습니까? (눅 23:50-51上)

2 아리마대 요셉은 어떻게 예수님을 사랑하고 믿을 수 있었습니까? (눅 23:51下)

3 아리마대 요셉의 예수님 사랑은 예수님께서 운명하신 후에 어떤 식으로 나타났습니까? (막 15:43上)

4 결국 아리마대 요셉은 예수님의 시신을 어디에 모실 수 있었습니까? (눅 23:53)

5. 예수님을 사랑하기 위해 삽니까?

예수님을 사랑하는 사람들은, 잠시 실수할 수는 있지만, 예수님을 사랑하기 위해 자기를 희생하는 사람입니다. 기독교 신앙은 물론 믿음으로부터 시작하지만, 믿음을 넘어 예수님을 사랑하게 되어야 비로소 진정한 믿음이 이루어질 수 있는 것입니다. 복음서를 비롯하여 신약성경에 기록된 모든 위인들은 전부 예수님을 사랑하기 때문에 자기를 희생하고 온갖 박해를 이겨낼 수 있었던 것입니다. 물론 처음에는 자신의 필요에 의해 하나님을 찾게 되지만 신앙이 자라면서 예수님을 사랑하기 위해 살아가는 사람들이 되어야만 하는 것입니다. 이것을 깨닫지 못하면 신앙이 자랄 수도 없고 건강한 그리스도인이 될 수도 없는 것입니다.

1 당신은 지금 예수님을 사랑하는 마음을 얼마나 간직하고 있습니까?

2 당신이 예수님을 사랑하기 위하여 희생하거나 버릴 수 있는 것을 찾아보십시오.

마무리 기도

하나님 아버지, 참으로 감사드립니다. 흔히 믿음으로 승리한다고들 하지만 오늘 함께 살펴본 바로는 믿음으로가 아니라 사랑으로 승리해야 하겠다는 것을 알았습니다. 믿음으로 행한다고 해도 만약에 사랑이 없이 행한다면 그것은 어쩌면 예수님과 아무 관계가 없는 일일 수도 있겠다는 생각을 합니다. 아버지, 그런데 우리는 지금 너무나도 부족합니다. 우리 앞에 가로막힌 인생의 여러 가지 문제들을 감당하기도 벅찹니다. 아직 믿음이 너무 약합니다. 주님을 사랑하기 때문에 기쁨으로 살아가고 주님을 사랑하기 위해서 생활할 수 있는 신앙이 될 수 있도록 성령님으로 감동하여 주시옵소서. 진심으로 주님을 사랑할 수 있기를 간절히 원합니다.

아버지, 예수님은 베드로에게 네가 나를 사랑한다면 내 양을 먹이고 키우라고 하셨습니다. 사도 요한에게는 네가 나를 사랑한다면 어머니 마리아와 함께 모든 믿는 사람들을 어머니처럼 사랑하며 돌보라고 하셨습니다. 하나님, 우리가 주님을 사랑한다면 우리는 무엇을 해야 하겠습니까? 물론 막달라 마리아처럼 무엇을 꼭 해야 하는 것은 아닐 것입니다. 진심으로 주님을 사랑한다면 결코 예수님을 떠나지 않을 것입니다. 하나님, 예수님이 이유가 되고 목적이 되고 수단이 되는 것이 예수님을 사랑하는 길임을 믿습니다. 비록 너무나도 연약하고 부족하지만 우리가 예수님을 사랑하기 때문에 보여드릴 수 있는 길을 찾을 수 있도록 역사해 주시옵소서. 우리를 위해 십자가에서 죽도록 사랑하신 예수 그리스도의 이름으로 기도드립니다. 아멘.

제 10 과
예수님을 믿은 사람들

    복음서에는 많은 병자들이 예수님을 믿음으로써 고침 받은 이야기들이 나옵니다. 이들 중에는 자신의 질병이 아니라 다른 사람의 질병을 위하여 예수님께 믿음을 보여준 사람들의 이야기도 나옵니다. 자신의 질병을 고치기 위해 예수님을 찾아와서 부탁드리는 일은 많지만, 자신이 아닌 다른 사람, 이를테면 자기 하인이나 딸이나 친구를 고치기 위해 예수님께 나온 사람들에 대한 기록이 많이 나오는 것은 그들의 믿음이 특별하기 때문일 것입니다.

    과연 믿음이란 무엇을 말하는 것일까요? 복음서에 나오는 칭찬받은 사람들의 특징은 어떤 질병을 위해서만 예수님을 믿은 것이 아니라 예수님께 대한 전적인 신뢰를 드린 것을 볼 수 있습니다. 믿음이란 신뢰입니다. 베드로가 믿음으로 물 위를 걸었지만 거친 파도를 보고 믿음을 잃어버리고 물속에 빠진 것과 같이 자기 마음대로 가졌다 버렸다 할 수 있는 것은 아니지만, 무엇보다도 우리 인생의 모든 문제를 주님께 완전히 맡기는 신뢰가 생기면 그것은 곧 완전한 믿음이라고 할 수 있을 것입니다. 그런 믿음 곧 전적인 신뢰를 가질 때 세상 속에서도 우리 믿음으로 날마다 승리할 수 있게 될 것입니다.

1. 하인을 사랑하는 백부장의 믿음

로마의 백부장은 자기 집안의 하인이 뇌졸중으로 고통당하는 것을 고쳐주고 싶었습니다. 군인답게 그는 예수님께서 말로만 명하셔도 질병이 물러갈 줄을 확신하고 부탁을 드렸습니다.

1 백부장이 하인의 중풍을 고쳐달라고 했을 때 예수님은 어떤 반응을 보이셨습니까? (마 8:7, 눅 7:6上)

2 하지만 백부장의 반응은 예수님을 깜짝 놀라게 했습니다. 어떤 반응이며 그 이유는 무엇입니까? (마 8:8-9)

3 이방인 백부장을 향한 예수님의 칭찬은 무엇이며 이스라엘에 대한 책망은 무엇입니까? (마 8:10-12)

4 우리들이 신앙생활을 하면서 자주 듣고 싶은 예수님의 말씀을 백부장은 들었습니다. 무엇입니까? (마 8:13)

2. 중풍병자의 친구들의 믿음

중풍병자의 친구들은 예수님 앞에 가기만 하면 이 병을 고칠 수 있다고 생각했습니다. 그들의 믿음 앞에 물리적인 장애가 분명히 존재했지만 그들은 결국 예수님 앞으로 나갈 수 있었습니다.

1 지붕까지 뜯고 침상을 예수님 앞으로 달아 내렸을 때 예수님은 이들의 무엇을 보고 치료해 주셨습니까? (막 2:5上)

2 하지만 예수님은 당장 고쳐주신 것이 아니라 오히려 이 환자에게 무엇을 선포하셨습니까? (마 2:5下)

3 그러면 왜 예수님은 병을 고쳐주신 것이 아니라 죄 사함 받았음을 선포하셨습니까? (눅 5:24)

4 결국 이 환자와 친구 네 사람은 무엇으로 인하여 죄 사함과 불치병 치유의 은혜를 받은 것입니까? (눅 5:20, 25)

3. 혈루증 환자의 믿음

12년 동안이나 혈루증으로 고통당하던 여인은 예수님의 소문을 듣고 율법에 어긋남에도 군중들 속에 숨어서 예수님께 다가가 예수님의 옷자락을 만짐으로써 깨끗하게 치유 받았습니다.

1 이 여인의 믿음은 결국 어떤 상황에서 가질 수밖에 없는 것이었습니까? (막 5:26)

2 그럼에도 불구하고 이 여인은 예수님 앞에 나설 용기가 없었습니다. 그녀는 어떤 믿음을 가졌습니까? (막 6:28)

3 예수님은 능력이 나간 것을 아셨고 이 여인은 병이 나은 것을 알았습니다. 예수님은 무엇이라고 하셨습니까? (막 5:34)

4 결국 참다운 믿음이란 예수님께 무엇을 증명하고 인정받는 것입니까?

4. 딸을 살리려는 야이로의 믿음

야이로라는 회당장의 믿음도 대단한 믿음이었습니다. 이런 믿음들은 지식이나 의지로 생겨나는 것은 아닙니다. 왜냐하면 믿음이란 자연의 섭리를 거스르는 일들이기 때문입니다.

1 야이로는 자기 딸이 어떤 상태였는데도 예수님을 찾아와 고쳐주실 것을 요청했습니까? (마 9:18)

2 성경마다 약간의 차이점은 있지만 결국 예수님은 어떤 상태에서 야이로의 딸을 살리신 것입니까? (눅 8:49)

3 이미 장례 절차가 시작되었는데도 예수님은 무엇이라고 말씀하셨습니까? (마 9:23-24)

4 예수님께서 용기를 주시기는 했지만 결국 야이로의 딸도 무엇으로 고침을 받은 것입니까? (눅 8:50)

5. 시각장애인의 믿음

비록 보통 사람들에게는 무례하거나 실례를 범하는 것 같아도 자신에게 가장 중대하고 결정적인 문제와 부딪칠 때 온갖 방해를 물리치고 예수님께 나아가는 것이 믿음입니다.

1 이 시각장애인에게 있어서 가장 시급하고 중대한 일은 무엇이었습니까? (막 10:46-47)

2 기회가 지나가면 끝이라는 절박감이 그를 어떻게 만들었습니까? (막 10:48)

3 결국 예수님은 그 사람을 가까이 오게 하여 무슨 말씀을 하셨으며 왜 그 말씀을 하셨겠습니까? (눅 18:41)

4 이 시각장애인 역시 자기의 눈 먼 것을 어떻게 고칠 수 있었습니까? (눅 18:42)

6. 귀신들린 딸을 고친 여인의 믿음

자기 딸의 문제를 해결하려고 찾아온 이방 여인의 이야기입니다. 그런데 예수님은 이 여인의 믿음을 시험하십니다. 마치 시각장애인에게 무엇을 해주기를 원하느냐고 물으시는 것과 유사합니다.

1 딸이 귀신들려 있는 이 여인은 예수님을 향하여 어떻게 외쳤습니까? (15:22-23)

2 이 여인도 예수님이 지나가신다는 소식을 듣고 달려 나와 외칩니다. 그런데 예수님의 대답은 무엇입니까? (막 7:27)

3 그러나 이 여인에게는 절박함과 예수님 아니면 안 되겠다는 믿음이 있었습니다. 어떤 대답을 합니까? (마 15:27)

4 예수님은 이 여인을 어떻게 칭찬하셨으며 딸의 문제를 어떻게 해결해 주셨습니까? (마 15:28, 막 7:29)

7. 어떤 믿음이 필요합니까?

성경에는 믿음의 사람들의 이야기로 가득 차 있습니다. 그 중에서도 예수님을 믿은 사람들의 이야기가 복음서에 집중되어 있습니다. 특히 귀신을 쫓아내거나 불치병을 치유 받는 내용들을 중심으로 예수님의 칭찬을 받은 믿음의 사람들이 등장합니다. 이 이야기들은 성도의 능력에 관한 이야기가 아닙니다. 하나님께서 사람의 믿음을 보시고 일하시는 이야기들입니다. 그것은 예수님을 얼마나 의지하느냐에 관한 이야기입니다. 그리고 예수님을 최후의 전부로 인식하느냐에 대한 이야기이기도 합니다. 예수님이 아니시면 길이 전혀 없는 상태의 이야기입니다. 복음은 오로지 예수님만을 의지하는 이야기인 것입니다.

1 당신은 스스로 생각하기에 지금 예수님을 얼마나 의지하고 있습니까?

2 당신이 해결할 수는 없지만 예수님께서는 완전히 해결하실 수 있는 문제가 있습니까?

사랑의 하나님 아버지. 오늘 성경에서 믿음의 사람들을 살펴보았습니다. 여러 사람들이 고칠 수 없는 병을 고침 받았거나 주변 사람들을 위하여 믿음을 보여준 사람들의 이야기였습니다. 참 대단한 믿음을 보여주었습니다. 심지어 죽었던 사람도 아버지의 믿음으로 고침을 받았으니까요. 하나님, 하지만 그 사람들이 특별한 사람들이 아니고 또 예수님도 그 당시에나 지금이나 동일하신 분임을 믿습니다. 다만 그 사람들의 상황과 여건 자체가 예수님 아니면 살 수 없는 형편이었음을 읽을 수 있었습니다. 하나님, 언제 어디에서나 그런 절박한 사람들처럼 예수님을 믿을 수 있도록 도와주시옵소서.

아버지, 그리고 그런 사람들의 믿음을 가질 수 있도록 인도해 주시옵소서. 예수님은 저들에게 지속적으로 "네 믿음이 너를 구원하였다." "네 믿음이 질병에서 놓여나도록 만들었다." 라고 말씀하셨습니다. 오늘 우리들에게 우리의 믿음이 우리를 만든다고 하시는 것 같습니다. 지금 우리의 상황이 바로 우리의 믿음인 것 같습니다. 누구나 다 똑같을 수는 없지만 지금의 우리가 우리 믿음의 실상인 것을 생각해봅니다. 하나님, 성경에 나오는 큰 믿음의 소유자들처럼 말씀을 믿고 그 말씀대로 행함으로써 우리의 믿음이 우리에게 이루어질 수 있게 해 주시옵소서. 우리의 믿음을 사용하여 일하시는 우리 구주 예수 그리스도의 이름으로 기도드립니다. 아멘.

제 11 과
예수님을 따르는 무리들

예수님은 언제나 군중들을 몰고 다니셨습니다. 아마도 이스라엘의 대부분의 백성들이 예수님이 오신다고 하면 한 번쯤은 가보았을 것입니다. 예수님께로 몰려오는 목적도 다 달랐습니다. 대부분은 질병이나 귀신들림을 해결하고자 왔을 것이고, 어떤 사람들은 정말로 진리에 갈급하여 찾아왔을 것이고, 또 어떤 사람들은 예수님을 해방자로 보고 왔을 수도 있습니다. 그것도 아니면 예수님을 염탐하려고 온 사람들도 있었습니다. 하지만 어느 순간에 이들은 전부 예수님을 철저하게 외면하고 말았습니다. 예수님께서 십자가에 달리게 되자 제자들조차 전부 도망가 버리고 말았습니다.

어떻게 그럴 수가 있겠습니까? 예수님은 메시아이십니다. 그리스도 예수님이십니다. 이스라엘 모든 역사를 통틀어서 이렇게 백성들이 열광한 적은 없었을 것입니다. 예수님께서 어린 나귀를 타고 예루살렘에 입성하실 때에는 마치 해방군의 임금이 오시는 것처럼 엄청난 함성으로 열광하면서 환영했습니다. 그런데 불과 5일 후에는 몇몇 여인들 말고는 예수님을 위해 위로 한 마디 하는 사람이 없었습니다. 물론 이것으로 끝난 것은 아니었습니다. 바로 그런 사람들이 후에 예수님을 믿고 전파하는 사람들이 되었기 때문입니다.

1. 각종 환자들

예수님께서 다니시는 곳마다 아픈 사람들과 귀신들린 사람들이 엄청나게 몰려들었습니다. 진리를 가르치시는 예수님께 왜 정상적인 사람들보다 병든 사람들이 주로 몰려왔을까요?

1 예수님이 가시는 곳마다 몰려드는 사람들은 대개 어떤 문제로 왔습니까? (마 4:24-25)

2 사람들이 너무 많이 몰려들 때 예수님은 어떻게 말씀을 전하셨습니까? (막 3:9-10)

3 병을 고치시는 예수님의 소문이 널리 퍼지자 어디에 있는 사람들까지 찾아왔습니까? (막 3:7-8)

4 예수님께서 환자들을 고치시고 죽은 사람들을 살리는 기적을 베푸시는 것은 무엇 때문이겠습니까?(요 7:31, 막 2:12)

2. 가르침을 받으려는 사람들

예수님의 3대 사역은 가르침과 선포하심과 고치심이라고 합니다. 예수님께 모여드는 사람들 중 환자들이 대다수였지만 예수님의 가르침 때문에 예수님을 따라오는 사람들도 많이 있었습니다.

1 사람들이 예수님의 가르침을 받기 위해 모이기는 했지만, 한편으로는 어떤 이유 때문이었습니까? (요 6:24-26)

2 예수님께서 가르치시는 일은 사람들에게 어떤 것이었습니까? (막 10:1)

3 남자만 5,000명이 모였던 오병이어의 현장은 어떤 목적으로 모였던 것입니까? (막 6:34)

4 예수님의 가르침은 많은 무리들이 모였을 때뿐 아니라 어떤 데에서 더 집중하셨고 반응은 어땠습니까? (눅 4:14-15)

3. 예수님을 해방자로 여기는 사람들

엄청난 이적을 일으키시는 예수님을 백성들은 로마의 압제에서 구원할 해방자로 환영하기도 했습니다. 예수님께서 십자가에 죽으셨다가 부활하기 전에는 많은 사람들이 예수님을 오해했습니다.

1 예수님이 마지막으로 예루살렘에 입성하실 때 사람들은 어떤 반응을 보였습니까? (마 21:6-9)

2 심지어 제자들조차 예수님을 무엇으로 생각하고 벼슬을 청했습니까? (마 20:21)

3 바리새인들도 표적을 행하시는 예수님을 어떤 사람으로 인식했었습니까? (요 12:18)

4 그래서 바리새인들은 이것을 역이용해 예수님을 공격했습니다. 어떻게 했습니까? (요 11:47-48)

4. 예수님을 철저하게 외면한 사람들

그토록 예수님을 찾아다니던 환자들과 가족들, 예수님의 가르침에 감탄하며 칭송했던 사람들, 기적을 경험하고 예수님을 해방자로 생각하고 환호하던 사람들은 철저하게 예수님을 외면했습니다.

1 오병이어의 기적을 일으키셨을 때 사람들의 반응은 어떤 모습이었습니까? (요 6:14-15)

2 대제사장들과 서기관들은 예수님을 죽이고 싶었으나 무엇이 두려워 그렇게 하지 못했습니까? (눅 22:2, 막 12:12)

3 하지만 막상 예수님께서 체포되시자 거의 아무 것도 하지 않았습니다. 제자들마저 어떻게 했습니까? (마 26:56)

4 그리고 대다수의 군중들은 아니지만 사람들은 예수님의 십자가 처형에 대해 어떻게 반응했습니까?

5. 세례 받은 삼천 명의 사람들

백성들은 예수님을 구세주로 생각하고 임금으로 삼으려고 했으며 어디를 가든지 예수님께 열광했지만 죽음을 앞두고 철저하게 외면했습니다. 그러나 그것으로 끝나는 것은 아니었습니다.

1 오순절 성령강림 이후에 베드로가 설교했을 때 놀랍게도 어떤 결과가 나왔습니까? (행 2:40-42)

2 그뿐 아니라 베드로가 솔로몬의 행각에서 설교했을 때는 어떤 일이 일어났습니까? (행 4:4)

3 더 나아가 하나님의 말씀이 점점 왕성하게 되자 어떤 사람들까지 복음에 순종하게 되었습니까? (행 6:7)

4 우리가 열심히 또는 꾸준히 전도하다가 박해가 오거나 소망이 안 보일 때에도 우리는 어떻게 해야 하겠습니까?

6. 당신은 어떻게 예수님을 믿었습니까?

믿음이란 사람의 의지나 능력으로 이루어지는 것은 아닙니다. 예수님을 십자가에 못 박은 일과 관련된 사람들을 제외하고, 후에 이스라엘에서 예수님을 믿게 된 수많은 사람들은 예수님의 표적에 열광했다가 군병들에게 체포되자 실망하여 싸늘하게 외면했던 사람들이었습니다. 이들이 예수님을 믿는 제자들이 될 것을 그 당시 어느 누가 상상이나 했겠습니까? 그뿐 아니라 유월절에 타국에서 몰려왔던 수많은 사람들이 그 자리에서 예수님을 믿고 그들이 타국으로 돌아가서 교회를 세우거나 믿음생활을 한 경우도 많았습니다. 이 모든 일은 전부 하나님의 섭리와 예수님의 희생으로 말미암은 결과인 것입니다.

1 당신은 어떻게 해서 복음을 받아들이고 신앙생활을 시작하게 되었습니까?

2 당신이 복음을 전하거나 초청하지 않으면 사람들은 믿음을 가질 수가 없습니다. 어떻게 복음을 전하시겠습니까?

마무리 기도

아버지 하나님, 사람들의 연약함과 어리석음을 오늘 다시 한 번 살펴보게 되었습니다. 저마다 예수님을 따라다니는 목적이 있었습니다. 오랫동안 질병으로 고통당하던 사람들, 귀신들려 주변 사람들을 괴롭히던 사람들, 또는 예수님의 가르침을 사모하여 몰려온 사람들, 예수님을 로마의 압제에서 해방시켜 줄 주인공으로 생각하던 사람들, 그리고 그 외에 구경삼아 몰려왔던 수많은 사람들이 있었습니다. 아버지, 그런 모습들을 보면서 오늘날 혹시 교회에 출석하는 사람들 중에서도 다양한 이유로 신앙생활 하는 사람들도 있을 것임을 짐작할 수 있습니다. 하지만 우리만큼은 예수님 이외의 다른 목적으로 신앙 생활하지 않도록 이끌어주시기를 간절히 빕니다.

하나님, 하지만 그런 사람들이라도 예수님께서 부활하시고 보내주신 보혜사 성령님으로 말미암아 회개하고 거듭나서 변화된 모습을 보여주셨습니다. 아무리 여러 가지 이유가 있고 목적이 따로 있어도 성령님께서 일하시면 모두 하나가 되게 하시는 줄 믿습니다. 우리도 여러 가지 복합적인 이유들로 신앙생활 하고 있을지라도 성령님께서 역사해주심으로써 진정으로 변화되어 예수님과 인격적인 관계를 가질 수 있도록 해 주옵소서. 또한 우리들도 단순히 우리만을 위해 예수님을 믿는 것이 아니라 변화된 베드로나 요한처럼 예수님을 위해서 신앙생활 할 수 있는 사람들로 성장해 갈 수 있도록 도와주시옵소서. 우리를 구원해주신 예수 그리스도의 이름으로 간절히 기도드립니다. 아멘.

제 12 과
예수님을 못 박은 사람들

      예수님은 사람들을 살리기 위해서 사람들 가운데로 오셨습니다. 예수님은 수많은 사람들을 만나셨고 숱한 반응을 이끌어내셨습니다. 그들 중에는 자기들에게 불리하다고 해서 예수님을 죽이기로 결의하고 온갖 함정을 파고 거짓으로 증거를 만들며 선동꾼들로 하여금 사형판결을 이끌어낸 사람들이 있습니다. 예수님은 어떤 한두 사람으로 인하여 죽으신 것이 아니라 권력을 지키려는 다양한 사람들과 그들의 하수인들과 그리고 예수님을 체포한 군병들뿐 아니라 한때 예수님을 열광적으로 따라다니다가 어느 순간 구경꾼들로 뒤바뀌어버린 방관자들로 인하여 죽음을 당하신 것입니다.

    실로 예수님께서 십자가에 못 박히신 것은 새벽부터 오전 9시까지 불과 몇 시간 동안에 급격하게 이루어졌지만, 그리고 십자가에 달리신 채 6시간 동안 고통당하시고 운명하셨지만, 그렇게 만들기까지 여러 사람들이 일사분란하게 움직인 것을 알 수 있습니다. 우리들은 예수님을 대제사장들이나 바리새인들이 죽인 것이라고 생각하지만 바리새인들이든 대제사장들이든, 또는 총독 빌라도이든 그들은 단지 예수님 십자가 사건의 주역을 담당했을 뿐인 것입니다. 예수님을 십자가에서 처형한 데 대한 책임은 우리들 모든 사람들에게 돌아가게 되는 것입니다.

1. 가룟 유다

가룟 사람 유다는 예수님을 못 박는 데 직접 가담하지는 않았지만 대제사장들의 부하들이 예수님을 체포하는 일에 돈을 받고 협력함으로써 결코 돌아올 수 없는 강을 건너고 말았습니다.

■ 가룟 유다는 대제사장이 예수님을 붙잡을 수 있도록 어떤 조건을 제안했습니까? (마 26:14-16)

② 가룟 유다가 은전 30냥을 받고 예수님을 팔아먹는 것은 그가 어떤 사람인가를 말해줍니까? (요 12:4-6)

③ 하지만 가룟 유다가 예수님을 팔아먹은 행위는 무엇으로부터 비롯되는 것입니까? (요 13:2)

④ 가룟 유다는 나중에 그 일을 후회하고 돈을 돌려주었지만 결국 어떤 결말을 맞이하게 됩니까? (마 27:4-5, 행 1:18-19)

2. 산헤드린 공회

산헤드린 공회는 하나님의 나라 이스라엘을 사실상 지배하던 세력이었습니다. 비록 빌라도에 의해 예수님의 사형판결이 이루어졌지만 공회의 판결이 예수님을 십자가에 못 박았던 것입니다.

1 대제사장들과 장로들은 예수님을 왜 유월절 전에 죽여야 하겠다고 결론을 내렸습니까? (마 26:1-5)

2 공회에서는 백성들이 자신들보다 예수님의 가르침을 더 따르기 때문에 어떤 것을 핑계로 합리화했습니까? (요 11:48)

3 결국 공회에서 가야바는 어떤 주장을 펼침으로써 예수님을 죽이기로 결의했습니까? (요 11:49-50)

4 메시아를 크게 영접해야 할 공회에서 오히려 예수님을 죽이는 것은 결국 무엇이 이루어진 것입니까? (요 11:51-52)

3. 거짓 증인들

역사 속에는 언제나 거짓증인들이 존재해왔습니다. 하지만 메시아를 죽이기 위한 거짓증인이라니요! 거짓은 사탄의 전유물입니다. 물론 누구에게나 거짓의 가능성은 있습니다.

1 거짓 증인들 이전에 예수님을 함정에 빠뜨리려는 사람들은 어떻게 활동했습니까? (눅 6:7)

2 대제사장들을 비롯하여 모든 공회는 아예 처음부터 어떤 증인을 찾았습니까? (마 26:59)

3 대제사장들이 사주한 거짓 증인들은 어떤 증거를 내세웠습니까? (막 14:57-59)

4 하지만 예수님께서 공회에 의해 사형선고를 당하신 것은 무엇 때문이었습니까? (막 14:61-63)

4. 빌라도 총독

로마의 유대지역 총독 빌라도는 예수님의 사형을 최후로 판결한 불행한 사람이었습니다. 만약에 똑같은 조건이 주어진다면 빌라도는 어쩌면 똑같은 판결을 내릴 수밖에 없었을지도 모릅니다.

1 빌라도는 사형판결을 내리지 않을 기회가 있었습니다. 언제였습니까? (마 27:18-19)

2 빌라도는 예수님께 아무런 죄도 없음을 알고 어떻게 하려고 했습니까? (눅 23:22)

3 빌라도는 예수님을 방면하기 위해 마지막으로 어떻게 애를 썼습니까? (마 27:15-18)

4 그러나 결국 민란이 날 것을 우려한 빌라도는 사형을 허락하고 어떤 행동을 했습니까? (마 27:24-25)

5. 선동꾼들

거짓과 선동은 마귀의 전문영역입니다. 아무리 정의를 외쳐도 거짓과 선동을 수단으로 여긴다면 그것은 일시적일지라도 마귀에게 효과적으로 쓰임 받는 일이라는 것을 알아야 합니다.

1 선동꾼들의 활동으로 결국 어떤 일이 일어나고 말았습니까? (눅 23:23-25)

2 예수님은 이들의 선동에 아무런 대꾸도 없으셨고 반응도 보이지 않으셨습니다. 무엇 때문이었습니까? (요 18:36)

3 이 선동꾼들 뿐만 아니라 예수님을 사형시키고자 하는 사람들에게 예수님은 무엇이라고 하시겠습니까? (마 26:24, 50)

4 오늘날에도 거짓과 선동이 넘쳐나고 있습니다. 그 속에 포함된 적이 있었습니까? 거짓과 선동은 마귀의 도구입니다.

6. 백부장과 군병들

백부장은 예수님의 십자가 처형을 직접 관장한 사람이고 군병들은 백부장의 명령에 따라 움직이는 군인들이었습니다. 그들은 단지 위에서 내려온 명령을 기계적으로 행할 뿐이었습니다.

1 빌라도가 사형선고를 내리자 군인들은 예수님을 어떻게 대했습니까? (마 27:28-31)

2 한편 군병들은 예수님을 십자가에 못 박을 때 어떤 행동들을 했습니까? (요 19:23-24)

3 하지만 예수님은 직접 예수님을 못 박는 사람들을 위해 어떻게 기도하셨습니까? (눅 23:34)

4 백부장은 모든 일을 지휘하면서 예수님께 대해 어떤 결론을 내렸습니까? (마 27:54, 눅 23:47-48)

7. 구경꾼들

구경꾼들이란 예수님이 사형선고를 받으시고 모든 괴롭힘과 십자가에 달리심을 보면서 무관심한 방관자들을 말합니다. 이들도 한때 예수님을 열렬하게 따라다니던 사람들이었습니다.

1 구경꾼들 중에는 예수님의 고난을 나누는 사람이 있었습니다. 누구입니까? (마 27:32, 막 15:21)

2 구경꾼들 중에는 십자가 근처를 지나가던 사람들도 있었습니다. 이들은 예수님을 어떻게 대했습니까? (막 15:29-30)

3 한편 많은 백성들은 예수님이 십자가를 지고 지나가실 때나 십자가 근처에서 어떤 태도를 보였습니까? (눅 23:35)

4 하지만 예수님은 과연 누구를 위해 죽으신 것입니까? 아무 관계없을 것 같지만 위해서 죽으신 사람들은 누구입니까?

8. 당신이 예수님을 못 박았습니까?

이렇게 하여 예수님은 십자가상에서 운명하심으로써 예수님의 지상사역을 마무리하셨습니다. 2,000년도 더 지난 이야기이고 먼 나라 이스라엘에서 일어난 일입니다. 하지만 예수님의 일생과 십자가 사건은 오랜 옛날이나 먼 나라에서 일어난 일은 결코 아닙니다. 왜냐하면 예수님은 그 당시 하나님의 백성들이라는 이스라엘 사람들을 위해서만 오신 것은 아니기 때문입니다. 예수님은 바로 우리 앞에서 고난당하시고 십자가에 희생당하신 것입니다. 우리도 구경꾼들인 선동꾼들과 조금도 다름이 없는 사람들이었습니다. 예수님을 주인으로 섬기는 사람들은 지금 현재 이 자리에서 예수님을 만나야 합니다. 왜냐하면 예수님은 바로 오늘 우리 한 사람 한 사람을 위해서 고난당하신 것이기 때문입니다.

1 당신은 고통당하시고 피 흘리시는 예수님의 십자가 앞에 서 본 적이 있습니까? (심령적인 의미에서)

2 당신이 만난 예수님은 당신에게 어떤 의미가 있는 예수님입니까?

마무리 기도

　　사랑이 많으신 아버지 하나님, 아버지의 사랑이 우리들에게 미치게 하시기 위해 꼭 예수님을 십자가에서 희생시키셔야만 했음을 믿습니다. 예수님 당시의 그 누구도 예수님을 죽인 데 대한 책임이 우리들보다 더 크지는 않겠다는 생각을 합니다. 다만 그들은 하나님의 섭리를 따라 순간적으로 쓰임 받게 되었을 뿐임을 압니다. 물론 그들에게는 직접적인 책임이 지워지겠지만, 오늘 우리들도 만약에 예수님의 십자가 희생을 받아들이지 못한다면 누구에게든지 똑같은 책임이 지워질 것을 또한 믿습니다. 예수님은 다른 누구 때문이 아니라 바로 우리들 때문에 돌아가셨습니다.

　　아버지, 이제 우리는 예수님의 십자가 희생을 누릴 수 있어야 할 것입니다. 누린다기보다는 그 은택을 힘입어 주님의 제자의 삶을 살아갈 수 있게 되어야 하겠습니다. 오늘날에도 그 당시 예수님을 십자가에 못 박은 사람들처럼 그렇게 말하고 행동하는 것은 얼마나 쉽겠습니까? 그러므로 우리가 바로 예수님을 죽인 사람들이라는 사실을 깊이 깨닫고, 하나님의 깊으신 은혜를 더 풍성하게 받아 누리고 그 은혜를 조금이라도 갚는 삶을 살기를 원합니다. 예수님의 십자가의 은혜가 조금이라도 무디어지거나 희미해지지 않도록 우리를 성령으로 항상 인도하여 주옵소서. 그리하여 언제나 예수님을 깊이 사랑하면서 예수님의 가르침을 삶 속에서 실천할 수 있도록 도와주옵소서. 그것이 바로 예수님께서 강조하신 빛과 소금의 삶인 것을 믿습니다. 감사를 드리며 우리를 위해 십자가 고난을 당하신 예수 그리스도의 이름으로 간절히 기도드립니다. 아멘.